A DEFESA DO ESPAÇO CÍVICO

Ilona Szabó

A defesa do espaço cívico

Copyright © 2020 by Ilona Szabó

Grafia atualizada segundo o Acordo Ortográfico da Língua Portuguesa de 1990, que entrou em vigor no Brasil em 2009.

Capa
Alceu Chiesorin Nunes

Revisão
Camila Saraiva e Valquíria Della Pozza

Dados Internacionais de Catalogação na Publicação (CIP)
(Câmara Brasileira do Livro, SP, Brasil)

Szabó, Ilona
  A defesa do espaço cívico / Ilona Szabó. — 1ª ed. — Rio de Janeiro : Objetiva, 2020.

  ISBN 978-85-470-0116-2

  1. Brasil – Política e governo 2. Cidadania 3. Democracia – Brasil I. Título.

20-44345   CDD-321.8

Índice para catálogo sistemático:
1. Democracia : Ciência política   321.8

Aline Graziele Benitez – Bibliotecária – CRB-1/3129

[2020]
Todos os direitos desta edição reservados à
EDITORA SCHWARCZ S.A.
Praça Floriano, 19, sala 3001 — Cinelândia
20031-050 — Rio de Janeiro — RJ
Telefone: (21) 3993-7510
www.companhiadasletras.com.br
www.blogdacompanhia.com.br
facebook.com/editoraobjetiva
instagram.com/editora_objetiva
twitter.com/edobjetiva

Para meus avós, Ilona e Ferenc Szabó

*As questões políticas são muito sérias
para serem deixadas para os políticos.*

Hannah Arendt

Sumário

Nota ao leitor 11

1. O problema 17
   GOVERNOS POPULISTAS E AUTORITÁRIOS 25

2. Quando você vira o alvo 41
   COMO MATAR LENTAMENTE UMA DEMOCRACIA 53
   A VOLTA AO DEBATE 62

3. Os antídotos 69
   LIDERANÇAS RESPONSÁVEIS 71
   LIDERANÇAS FEMININAS E FEMINISTAS 80
   SEGUIR UM PROPÓSITO 86
   O PODER DO CIDADÃO 96
   COMO E POR QUE ATUAR ATIVAMENTE NO
   ESPAÇO CÍVICO 104

Agradecimentos 109
Notas 111

Nota ao leitor

No início de 2019, fui alvo de uma campanha digital perversa, orquestrada pelos principais apoiadores do então recém-eleito presidente Jair Bolsonaro. A multidão virtual de bolsonaristas — na qual se incluíam pessoas reais, perfis falsos e robôs — exigiu que o presidente "me demitisse" de um conselho voluntário de políticas públicas que o seu próprio ministro da Justiça, Sergio Moro, havia me convidado a integrar. Ele assim o fez. Deu ordens ao ministro para que me dispensasse.

Aquele incidente teve grande impacto em minha vida. Mais do que isso, representou um dos primeiros atos do tsunami de intolerância do núcleo ideológico do governo Bolsonaro e de sua tropa de choque não só contra mim, mas também contra diversos líderes cívicos, jornalistas, cientistas, professores e artistas.

A esfera digital é apenas a face mais visível da guerra de líderes populistas e autoritários contra a democracia. Trata-se de uma guerra não convencional e assimétrica.[1] A intimidação on-line, as ameaças e tentativas de difamação mobilizada por *haters*, perfis falsos e robôs podem ter consequências graves no mundo real. Como estamos descobrindo na prática, a batalha virtual pode incentivar agressões off-line e ser acompanhada de outros efeitos menos visíveis, que impactam não apenas as atividades profissionais dos seus alvos — eles afetam a vida das pessoas em todos os níveis.

O Brasil não é um caso isolado. Em todo o mundo, líderes com traços populistas-autoritários estão deliberadamente fechando o espaço cívico — a esfera pública onde cidadãos se organizam, debatem e agem para influenciar opiniões e políticas públicas. A supressão do debate livre, da mobilização e da participação social exerce efeitos negativos na formulação de políticas públicas efetivas e, por consequência, no bem público.

O fechamento do espaço cívico é fatal para os direitos fundamentais dos cidadãos e para o exercício pleno da democracia. Contraria os ideais da Declaração Universal dos Direitos Humanos de 1948 e da Carta Internacional dos Direitos Humanos — série de tratados internacionais e outros instrumentos adotados desde 1945, que inspiraram as constituições de muitos Estados e democracias recentes.[2]

As estratégias utilizadas contra a sociedade civil no Brasil fazem parte de uma cartilha populista-autoritária que se espalha mundo afora. Embora os métodos sejam adaptados às realidades locais, o governo de extrema direita brasileiro está agindo de forma semelhante a seus colegas de países como Índia, Hungria, Filipinas, Polônia, Rússia e Venezuela. Seus esforços para fechar o espaço cívico são fundamentais para expandir o poder do Executivo. Há sinais de que líderes populistas estão lendo o mesmo roteiro dessa cartilha também no Reino Unido e nos Estados Unidos, apesar de esses países contarem com um Estado Democrático de Direito — e um sistema de freios e contrapesos entre os diferentes poderes da República — mais sólido. Contudo, sua grande influência e poder afetam negativamente a saúde de todas as democracias.[3]

Se quisermos defender e recuperar o espaço cívico — e assim revitalizar nossas democracias —, precisaremos detectar melhor os sinais de alerta de que ele está em perigo. Isso significa saber que as sociedades civis estão sendo sufocadas de maneira silenciosa, muito antes de os ataques mais visíveis começarem para valer. É crucial que cidadãos e grupos cívicos tenham informação e conhecimento para que possam se antecipar, buscar aliados e se preparar contra essas ameaças antes que governos populistas e autoritários fechem seus espaços de atuação e resistência.

No Brasil, após dezoito meses da presidência de Jair Bolsonaro, as forças democráticas se organizaram e agora reagem com mais força. Instituições da República, imprensa e sociedade mostram que a defesa da democracia não é só necessária como possível. Contudo, o perigo não passou, as ameaças continuam presentes. O necessário otimismo não pode nos iludir ou desmobilizar.

É hora de avançar. Para enfrentar nossos maiores desafios comuns, devemos ampliar e reinventar o espaço cívico em todo o mundo. Isso não acontecerá de maneira espontânea. De um lado, os cidadãos terão de se levantar contra as ameaças; de outro, lideranças responsáveis precisarão formar coalizões amplas, capazes de se estender por diferentes áreas e geografias de interesse. No momento em que governos estão se voltando contra seus cidadãos, parece mais urgente do que nunca a ação cívica para intermediar novos pactos sociais[4] e garantir um planeta mais solidário, cooperativo e sustentável para as futuras gerações.

Este livro é minha pequena contribuição para ajudar leitores e leitoras a entender as ameaças do presente, descrever os métodos de ataque aos espaços cívicos e à democracia e apontar alguns possíveis antídotos.

O tempo está passando. Devemos agir agora.

Ilona Szabó de Carvalho
Agosto de 2020

1. O problema

Muitos países passam hoje por um dramático processo de fechamento do espaço cívico. Governos populistas e autoritários, situados à direita e à esquerda no campo ideológico, vêm avançando de maneira perigosa sobre o trabalho e sobre a liberdade de expressão e atuação de ativistas, jornalistas, acadêmicos e artistas, demonizando os direitos humanos e a ciência, perseguindo e criminalizando os adversários e implementando legislações repressivas. Em países de baixa, média e alta renda, grupos da sociedade civil temem pela própria segurança. Instituições cívicas — de universidades e *think tanks* a organizações de direitos humanos e grupos de mídia independentes — relatam um aumento significativo nas agressões, intimidações e ameaças, vindas de políticos extremistas e seus apoiadores radicais.

Essa percepção de que o espaço cívico está se fechando é um consenso na comunidade internacional de direitos humanos.[1] Na última década, organizações como a Fundação Carnegie para a Paz Internacional,[2] o Centro para Estudos Estratégicos e Internacionais (CSIS),[3] o Civicus,[4] entre outras, chamaram atenção para o problema. Além disso, entidades filantrópicas publicaram vários relatórios sobre as ameaças enfrentadas pelos grupos que atuam no espaço cívico.[5] Novas organizações foram criadas para se dedicar exclusivamente ao acompanhamento e à análise desse fenômeno.[6] Embora alguns analistas acreditem que o termo parece abrangente demais para ser analiticamente útil,[7] há um crescente número de pesquisas demonstrando como a sociedade civil está sendo atacada — ou contraída.[8]

Mas o que exatamente significa o fechamento do espaço cívico? Quais são suas implicações para a democracia em geral? E, o mais importante, o que cidadãos e diferentes grupos da sociedade civil podem fazer a respeito?[9]

O espaço cívico pode ser definido, em poucas palavras, como a camada situada entre o Estado, os negócios e a família, na qual os cidadãos se organizam, debatem e agem.[10] Um espaço cívico saudável e aberto implica que grupos e indivíduos da sociedade civil sejam capazes de se organizar, participar e se comunicar sem impedimentos — e, ao fazê-lo, possam acessar informação, reivindicar seus direitos e influenciar a opinião pública, as políticas públicas e as estruturas políticas e sociais ao seu redor.[11]

O conceito toma emprestado as definições tradicionais da sociedade civil e da esfera pública, mas vai além.[12] É no espaço cívico que ocorrem as interações entre a sociedade civil em sua diversidade e os governos, o que nas democracias representativas tende a contribuir para uma tomada de decisão mais informada, inclusiva e responsável. Segundo a organização Civicus, três liberdades fundamentais definem as fronteiras do espaço cívico: as liberdades de associação, de reunião e de expressão. Onde essas liberdades são violadas, pode-se dizer que o espaço cívico está restrito ou contraído.

Organizações da sociedade civil, incluindo entidades de defesa dos direitos humanos, grupos que trabalham pelas minorias e comunidades indígenas, sindicatos, organizações religiosas, e *think tanks*, operam no espaço cívico ao lado de grupos de mídia independentes, universidades e outros tipos de entidades não governamentais.[13] Elas são diversas em seu perfil e orientação ideológica, ocupam espaço contestado e combativo e têm diversas funções, entre as quais a produção e disseminação de conhecimento e o melhor acompanhamento das atividades dos governos e, mais recentemente, das empresas.

De maneira geral, os grupos independentes e que servem ao interesse público promovem mais responsabilidade, transparência, inclusão e justiça. Os esforços de governos para coibir sua atuação, ou até para fechá-los, representam um ataque à democracia, na medida em que restringe direitos e liberdades garantidos na Carta Internacional de Direitos Humanos e em constituições de diversos países, incluindo a do Brasil. Essas ações também podem prejudicar o controle das ações dos governos, o desenho e a implementação de políticas públicas e a oferta de serviços, comprometendo assim o bem público.

É mais fácil descrever do que definir o fechamento do espaço cívico.[14] Essa dificuldade é compreensível, uma vez que diferentes entidades e indivíduos estão passando por um "fechamento" de maneira diferente. Em alguns casos, grupos são afetados por medidas *legais* destinadas a restringir, interromper ou eliminar a ação cívica. Em outros, sofrem obstruções *extralegais*[15] ou *ilegais*, entre as quais se incluem coerção, censura, intimidação e até violência física.

Essas estratégias legais, ilegais e extralegais corroem a capacidade das organizações da sociedade civil, e por vezes também da mídia independente, de exercer sua legítima pressão para que governos mantenham o foco na ampliação do bem-estar das populações e na oferta de bens públicos, de maneira responsável, transparente e democrática.[16] Elas podem também afetar o trabalho de servidores públicos que discordam dos malfeitos em suas instituições e das medidas de intolerância contra indivíduos ou grupos da sociedade com os quais dialogavam ou trabalhavam em conjunto. Muitas vezes eles também se autocensuram para evitar retaliações, ou se licenciam diante de casos mais sérios de intimidação.

Até o momento, a maioria das respostas às tentativas de governos para "fechar" o espaço cívico foi dada por organizações dedicadas à proteção legal dos direitos humanos. Não raro, advogados ajudaram grupos cívicos a revogar novas leis infratoras e a se proteger de arbitrariedades.[17] Embora a aplicação da legislação de direitos humanos seja essencial, ela é desafiadora em contextos em que os governos violam sistemática e violentamente as liberdades de expressão, associação e reunião, e onde há baixa capacidade de fiscalização do cumprimento das leis.

Nesses casos, instituições públicas como a polícia e os ministérios Público e Judiciário podem, em parte ou em sua totalidade, não operar de forma independente, aplicando leis e decisões de forma seletiva. Com frequência, governos populistas-autoritários também atacam as instituições e outros poderes da República — Legislativo e Judiciário —, tentando minar sua credibilidade ou controlá-los. Ademais, medidas extralegais e ilegais são difíceis de combater pela falta de evidências materiais.

O fechamento do espaço cívico pode prejudicar a qualidade e a efetividade das políticas públicas e a capacidade dos cidadãos de cobrar e responsabilizar seus governos, fazendo-os prestar contas de suas atitudes com transparência e eficácia. Embora esses perigos estejam presentes em muitas sociedades, revela-se especialmente preocupante em democracias menos maduras, com instituições mais fracas ou recentes, e menor capacidade de fazer cumprir o Estado Democrático de Direito — no qual, em resumo, as leis são criadas pelo povo e para o povo, respeitando-se a dignidade da pessoa humana, e onde todos os cidadãos devem participar de forma ativa nas discussões políticas do país.[18]

É verdade que em países como o Brasil, uma democracia ainda em consolidação, os grupos que atuam no espaço cívico sempre enfrentaram muitos desafios em sua atuação, principalmente grupos e representantes de minorias e de populações marginalizadas, muitas vezes invisíveis e sem voz. No entanto, o fechamento do espaço cívico não era uma estratégia deliberada e implementada de forma prioritária pelo governo central desde a transição democrática. Nesse sentido, a escala, a abrangência e o perigo que essas estratégias representam hoje mudaram de patamar e exigem mais do que nunca a união da sociedade civil para sua própria proteção. E em um país desigual como o nosso, os grupos mais vulneráveis a sofrer arbitrariedades e violência — incluindo a população negra, indígena e LGBTQ — precisam de especial apoio e atenção.

Portanto, algo precisa ser feito. O fechamento do espaço cívico está contribuindo para a erosão da democracia, e o fortalecimento da nossa democracia — que virá em parte da reabertura do espaço cívico — é fundamental não apenas para enfrentar nossos desafios domésticos, mas também os desafios coletivos da humanidade.

Não surpreende que, paralelamente ao aumento dos ataques ao espaço cívico, estamos vendo um declínio das democracias: em números, na integridade e também na qualidade. A ideia de democracia remonta à Grécia Antiga, mas sua implementação, como conhecemos hoje, é mais recente. Ela acontece a partir do século XVIII, com a promulgação da Constituição americana em 1787 — a primeira Constituição democrática do mundo —, e ainda está em andamento.[19]

Robert Muggah e Steven Pinker afirmam que, embora a democracia tenha se espalhado para mais de cem países no espaço de dois séculos (XIX e XX), ela também sofreu reveses ao longo do caminho e continua enfrentando resistência até hoje. No entanto, continua sendo o melhor sistema de governança em comparação com as alternativas conhecidas — seja a do domínio dos reis, as teocracias, as ditaduras, ou a autoridade tribal.[20]

Samuel Huntington popularizou a ideia de múltiplas ondas de democracias descrevendo três ondas principais.[21] E em seu artigo de 1989, *O Fim da História*, Francis Fukuyama disse que estávamos entrando em uma quarta onda com a vitória das democracias liberais e do capitalismo. Mas em 2017 reconheceu que o mundo estava passando de uma "recessão democrática" para uma "depressão democrática".[22]

A questão fundamental no momento é se esse declínio é apenas um desvio da quarta onda ou um declínio terminal das democracias. Acredito que seja somente um desvio, mas em última instância essa resposta dependerá da atitude que cada um de nós escolher adotar a partir de agora para retomar o espaço cívico e defender a democracia. Vamos discutir algumas opções ao nosso alcance ao longo deste livro.

GOVERNOS POPULISTAS E AUTORITÁRIOS

O espaço cívico está se fechando em muitas regiões do planeta, por vários motivos. De um lado, a guerra global ao terror a partir de 2001 deu início a restrições às liberdades civis nos Estados Unidos, bem como em partes da Ásia Central, do Oriente Médio e do Norte da África.[23] Sob a bandeira da defesa nacional, surge um potente conjunto de justificativas que normatiza essas restrições. Assim, mudanças geopolíticas mais recentes foram promovidas ou usadas como pretexto por governos populistas e autoritários para subverter e subordinar os direitos humanos a imperativos nacionalistas, inclusive no Ocidente.

De outro lado, a virada populista de alguns governos, como nos Estados Unidos, na Europa Ocidental, no Sul e Sudeste asiáticos e na América Latina, também reduziu a tolerância às liberdades democráticas e aos direitos humanos, sobretudo às minorias. Atitudes racistas e xenófobas, anti-imigrantes e contra os direitos de grupos indígenas e LGBTQ são cada vez mais comuns. Veja o caso de governos liderados por "homens de ferro" em países como Brasil, Estados Unidos, Hungria, Índia, Polônia, Rússia, Filipinas e Venezuela. Nesses lugares, as respectivas organizações da sociedade civil, imprensa e instituições científicas e acadêmicas têm se tornado alvo de ataques como parte de uma estratégia explícita de mobilização política.

Nos Estados Unidos, por exemplo, o presidente Donald Trump e sua guerrilha digital frequentemente usam declarações públicas e tuítes para intimidar jornalistas e ativistas. O mesmo é feito com relação a juízes e outros membros do judiciário que tomem decisões das quais ele discorde. Ataques pessoais que desacreditem oponentes perante seu público fiel são frequentes. Ataques misóginos também são comuns desde a campanha eleitoral, em especial contra a candidata adversária Hillary Clinton e contra as deputadas eleitas pelo Partido Democrata conhecidas como "o Esquadrão" (the Squad): Alexandria Ocasio-Cortez, Ilhan Omar, Ayanna Pressley e Rashida Tlaib.[24]

Desde o início da gestão Trump houve também um aumento nas tentativas de restrição dos direitos civis. De novembro de 2018 até agora, foram aprovados 22 projetos que restringem o direito de protesto e 29 ainda estão sob análise. Vários foram propostos a partir de 2017, após uma onda de protestos dos movimentos Black Lives Matter, retomados com força em 2020 após o assassinato de George Floyd por policiais em Mineápolis. O International Center for Not-For-Profit Law faz um monitoramento detalhado dessas ações a nível federal e estadual.[25]

Em março de 2019, uma reportagem da NBC informou que o governo americano havia criado uma base de dados secreta para monitorar ativistas e jornalistas engajados na questão da imigração na fronteira com o México. Segundo a reportagem, foram montados dossiês de pelo menos sessenta indivíduos e divulgados alertas, o que na prática resultou na proibição da entrada de vários jornalistas no México quando apresentavam o passaporte.[26]

A retórica agressiva contra a sociedade civil é uma marca de Trump. Seu governo é também conhecido pela aplicação de dois pesos e duas medidas, favorecendo seus apoiadores. Durante os protestos de supremacistas brancos em Charlottesville contra a retirada da estátua de um general confederado, em agosto de 2017, uma ativista negra foi assassinada ao tentar confrontá-los. Trump preferiu dividir a culpa, dizendo que os dois lados tinham cometido excessos e que "havia pessoas que eram boas, de ambos os lados".[27]

A mudança de posicionamento dos Estados Unidos em relação ao espaço cívico tem reflexos negativos em todo o mundo. Em 2015, Barack Obama falou na abertura da Assembleia Geral da Organização das Nações Unidas sobre a "erosão dos [...] princípios democráticos e direitos humanos", destacando a importância de uma sociedade civil pujante. Três anos depois, na mesma situação, Trump enfatizava que a soberania nacional era a base da democracia e da liberdade. O governo Trump também é leniente com relação a governos onde a democracia está em rápido declínio e que têm sido autoritários com a sociedade civil, como Hungria[28] e Filipinas.[29]

Na Hungria, desde a primeira eleição do primeiro-ministro Viktor Orbán, em 2010, há uma diminuição das liberdades de expressão, imprensa, a supressão de direitos e o enrijecimento das leis imigratórias. Orbán está em seu terceiro mandato, iniciado em 2018. Grande parte da escalada autoritária foi legalmente institucionalizada em mudanças à Constituição por meio das maiorias obtidas pelo seu Partido Fidesz no Congresso, de formas pouco republicanas, tornando a instituição cada vez mais favorável ao governo.

O ataque à imprensa é prática corrente. O governo difama e persegue jornalistas e fechou jornais independentes que tinham posição contrária a Órban ou ao Fidesz.[30] Além disso, a autonomia acadêmica e universitária tem sido fortemente atacada, por meio de perseguição de professores vistos como "esquerdistas", ingerências em nomeações nas universidades públicas com o intuito de obter seu controle financeiro, revogação de todos os programas que abordam estudos de gênero, e até mesmo a expulsão da Universidade Centro Europeia, instituição privada fundada pelo filantropo George Soros, do país. Em 2018, foi aprovada ainda a "lei Anti-Soros" a fim de penalizar indivíduos ou organizações que prestavam qualquer assistência a imigrantes ilegais.[31] Orbán tem como inimigos organizações independentes, ativistas e jornalistas, acusando seus opositores de disseminarem fake news.[32]

Em 2020, a pandemia da covid-19 também se mostrou conveniente para a expansão do autoritarismo do primeiro-ministro que usa o termo "democracia iliberal" para definir seu governo. Em março deste ano, o Parlamento — formado majoritariamente por membros do partido Fidesz — autorizou a concessão de poderes extraordinários a Orbán, sem data prevista para terminar. A medida chamou atenção da Comissão Europeia, e parlamentares pediram punições legais ao país, governado por um homem que "continua a agir para centralizar o poder, controlar as redes de notícia, educação, cultura e ameaçar a sociedade civil".[33] Em 18 de junho de 2020 o Congresso Nacional votou pelo fim da concessão, mas introduziram em uma nova legislação a possibilidade de o presidente governar por decreto sempre que houver uma emergência de saúde pública sem que o Congresso precise aprovar. Um retrocesso perigoso em relação à lei anterior.[34]

Nas Filipinas, já no primeiro ano de governo do presidente Rodrigo Duterte, em 2016, o discurso de combate mortal às drogas promovido desde a campanha presidencial levou ao assassinato de mais de 7 mil pessoas por operações policiais e grupos vigilantes ou milícias, encorajados pelo presidente.[35] No segundo ano de mandato essa política continuou, e, somada à lei marcial declarada após um ataque de militantes do Estado Islâmico, o ano de 2017 terminou com mais de 12 mil execuções extrajudiciais.[36]

No final de 2017 foram observadas as primeiras prisões de políticos opositores ao presidente, sob variadas acusações. Em 2018, essa tendência se aprofundou com ataques à imprensa, quando ele revogou o certificado de uma rede de notícias e baniu seus repórteres da cobertura no palácio presidencial.[37] Ainda em 2018, a Suprema Corte acatou pedido para cancelar a nomeação de 2010 da sua presidente, uma das críticas mais ferrenhas de Duterte, sob alegações de que ela teria ocultado parte do seu patrimônio.[38]

Em 2020, a pandemia também abriu espaço para a concessão de poderes especiais ao presidente Duterte, a partir do Bayanihan Act.[39] A emergência em saúde pública trouxe a oportunidade para o avanço de um Estado autoritário, e Duterte seguiu o esperado, autorizando e incitando o assassinato de quem desobedecesse à quarentena e estimulando a criminalização de ativistas.[40] O assassinato de lideranças sociais já era um problema sério nas Filipinas antes de Duterte, e suas ameaças públicas aos que criticam suas políticas só contribuem para a piora do cenário.[41]

Em uma tentativa de criminalizar movimentos de oposição, uma nova lei "antiterror" foi aprovada em junho de 2020 pelo Congresso e sancionada por Duterte, e já está sendo contestada na corte suprema do país.[42] A lei prevê a vigilância de suspeitos, prisões sem mandados e a custódia desses presos por catorze dias.[43] Além disso, a maior cadeia de notícias do país, a ABS-CBN, foi impedida de renovar sua concessão em maio deste ano, o que se acredita ser uma represália diante das críticas ao presidente.[44]

Estados Unidos, Hungria e Filipinas são apenas alguns exemplos de governos que têm se aperfeiçoado a cada dia na restrição da ação cívica. O que antes era um fenômeno presente em Estados autoritários hoje assola democracias e contribui para o seu declínio. E ao analisar o caso de cada país, observamos que há estratégias comuns utilizadas por todos eles.

Essas estratégias ganharam impulso com as novas tecnologias — de *malwares* altamente sofisticados, que infectam telefones e computadores, a mídias sociais alimentadas por robôs, perfis falsos e guerrilhas digitais. E, assim, ferramentas que ampliam o acesso à informação e à conexão entre as pessoas são hoje também usadas contra alvos em todo o mundo. E como consequência as lideranças cívicas são expostas, também no espaço digital, a uma crescente variedade de ameaças, monitoramento e vigilância, e até a infiltração.[45]

O uso de ferramentas digitais para espalhar o discurso de ódio em larga escala, incitar a violência e destruir deliberadamente a reputação de indivíduos e organizações pode ocorrer sob a proteção da legislação de liberdade de expressão. É consenso que a disseminação de desinformação por meio das mídias sociais é hoje uma das maiores ameaças à democracia e aos direitos humanos.[46] A discussão sobre como separar liberdade de expressão de crimes contra a honra, difamação e promoção da desordem e do caos se faz fundamental e urgente.

Nesse contexto de ataques deliberados à democracia, é importante conhecer e entender as estratégias empregadas pelos governos populistas e autoritários e também por seus grupos extremistas de apoio para fechar o espaço cívico. As categorias são dinâmicas, pois as ameaças mudam com o tempo.

Uma vez que essas estratégias estejam claras, é possível avaliar a saúde das democracias sob uma nova lente, complementando as análises mais tradicionais que costumam ser o foco de cientistas políticos.[47] Estes, em geral, observam os procedimentos legais usados pelo Poder Legislativo, pelo Ministério Público ou pelo Poder Judiciário para frear os excessos e abusos do Poder Executivo. É um método de análise eficaz para entender o sistema de freios e contrapesos das instituições, mas não é capaz de detectar a totalidade de um movimento antidemocrático já em curso.

Dentre as várias estratégias usadas pelos governos populistas e autoritários, destaco algumas a seguir:

1. Cooptação e Coerção

Cooptação é o processo de incorporação de pessoas a um grupo de elite, oferecendo-lhes privilégios em troca de apoio, em geral para gerenciar a oposição e, assim, manter a estabilidade desse grupo no poder.[48] Coerção é o ato de induzir, pressionar ou compelir alguém a fazer algo pela força, intimidação ou ameaça, limitando suas escolhas.[49]

2. Fake news e desinformação

Fake news são notícias falsas circuladas em noticiários, nas mídias sociais e espalhadas na internet, que tentam parecer notícias reais. Existem pelo menos seis tipos: Sátira (usa o humor ou o exagero para passar uma ideia), paródia (também usa o humor, mas cria histórias totalmente fictícias), fabricação (textos publicados ao estilo de um artigo científico ou matéria de jornal para ganhar legitimidade, mas sem base científica real), manipulação (refere-se à manipulação de imagens ou vídeos para criar uma falsa narrativa), publicidade (material de propaganda utilizado à guisa de conteúdo independente, como um comunicado de imprensa que é publicado como se fosse uma crítica isenta) e propaganda (notícias criadas por uma entidade política para influenciar as percepções do público. O objetivo é beneficiar ou prejudicar uma figura pública, organização ou governo).[50]

Desinformação é informação falsa espalhada deliberadamente para causar danos ao público ou para fins lucrativos, indo, portanto, além das notícias falsas.[51]

3. Censura

É a supressão da circulação pública de informação, visando à proteção dos interesses de um Estado, organização ou indivíduo. Ela consiste em toda e qualquer tentativa de controlar a circulação de informações, opiniões ou expressões artísticas, com o argumento de que esse material é considerado censurável, prejudicial, sensível ou inconveniente.[52]

4. Assédio e intimidação (on-line e off-line)

Assédio é uma ação que rebaixa, humilha ou constrange uma pessoa. Parte de motivos discriminatórios e tem o efeito de anular ou prejudicar um indivíduo de usufruir seus direitos.

Intimidação implica a indução de medo ou temor, podendo se manifestar sob a forma de ameaça física, expressões ameaçadoras, manipulação emocional, insultos verbais ou constrangimento proposital. O objetivo é impedir que um indivíduo continue seu trabalho ou paralise suas atividades por medo de um ataque.[53]

5. Vigilância abusiva e Restrições de direitos digitais (violação da privacidade)

Vigilância abusiva é o uso de métodos ou tecnologias de vigilância controversos ou ilegais para monitorar a atividade de um indivíduo ou de um grupo de indivíduos, violando sua privacidade.[54]

Restrições de direitos digitais são ameaças aos direitos à privacidade on-line e à liberdade de expressão, que são direitos humanos fundamentais na era digital.[55]

6. Restrições ao engajamento e à participação cívica

É o cerceamento a qualquer atividade individual ou de grupo relacionada a resolver problemas da comunidade e questões de interesse público (participação cívica), bem como o impedimento de qualquer forma de expressar conhecimento, crenças, opiniões e atitudes em questões públicas, especialmente quando contribuem e interagem com políticas públicas, monitoramento e/ou tomadas de decisão.[56]

7. Restrições de financiamento

São restrições à capacidade da sociedade civil de acessar financiamento público e privado, nacional ou internacional, por meio de leis, medidas administrativas e atividades extralegais coordenadas pelo governo.[57]

8. Restrições de direitos civis e políticos

As violações dos direitos civis incluem discriminação com base em raça, gênero, orientação sexual, origem nacional e social, cor, idade, afiliação política, etnia e religião; e restrições da liberdade dos indivíduos.

Violações de direitos políticos incluem negação a um julgamento justo e ao devido processo legal; negação de participação na sociedade civil e na política, como liberdade de associação, direito de reunião e direito de voto.[58]

9. Fechamento ou expulsão

Quando os governos forçam o fechamento (ou expulsão) e apreensão de propriedades de organizações da sociedade civil nacionais e internacionais que operam em um determinado país.

10. Violência física

Qualquer ato ou comportamento não acidental que causa trauma ou outro sofrimento físico ou dano corporal a uma pessoa.[59] O objetivo é impedir que um indivíduo continue seu trabalho ou paralise suas atividades.

11. Jogo duro constitucional (Constitutional Hardball)

É a exploração, por atores políticos, de procedimentos, leis e instituições para obter ganhos partidários violando normas preestabelecidas e forçando os limites da legalidade, o que pode minar o entendimento compartilhado das normas democráticas e a expectativa de que o outro lado as cumpra.[60]

12. Abuso de poder

Ocorre quando os atores políticos se aproveitam de sua posição para obter ganhos, favorecer aliados ou satisfazer vontades pessoais, atuando contrariamente ao interesse público e à finalidade pública.[61]

A lista de categorias acima é abrangente, mas não pretende ser completa. Ela faz parte de uma pesquisa e tipologia mais detalhadas, que incluem dezenas de exemplos de táticas e ações legais, extralegais e ilegais que ilustram a aplicação de cada estratégia na prática. A tipologia será disponibilizada pelo Instituto Igarapé no segundo semestre de 2020.[62]

Algumas ressalvas são necessárias, como a importância de se avaliar precisamente "quem" está envolvido em ações violentas para fechar o espaço cívico. Com frequência, a violência não é perpetrada diretamente por agentes do Estado em sua capacidade oficial, mas por paramilitares, milícias, gangues, grupos de segurança privada e outros, encorajados pela retórica de ódio de um chefe de Estado e outras figuras políticas relevantes.

Nessas situações, mesmo que a responsabilidade pelas ações não possa ser diretamente atribuída aos agentes do Estado, é possível mapear os casos (e identificar as tendências) para melhor entender como atos de violência reais respondem à retórica do ódio, e o que pode ser feito para proteger indivíduos e grupos alvos.

As duas últimas estratégias listadas — jogo duro constitucional e abuso de poder — não são necessariamente direcionadas para os agentes do espaço cívico. Porém, elas podem diminuir a responsabilidade das instituições do Estado, minar a separação de poderes e os freios e contrapesos que poderiam impedir que as outras estratégias fossem implementadas.

Muitas vezes, ações legais, ilegais e extralegais são realizadas simultaneamente. Em outras, podem ocorrer em momentos distintos e envolver diferentes níveis de intensidade. E, finalmente, as maneiras pelas quais o espaço cívico é afetado podem variar ao longo do tempo, uma vez que se trata, afinal, de um alvo em movimento.[63]

Essas diferentes formas de pressão estão acontecendo aqui e agora no Brasil. Aconteceram com várias pessoas e grupos cívicos, e aconteceram comigo.

2. Quando você vira o alvo

No início de 2019, fui convidada a participar do Conselho Nacional de Política Criminal e Penitenciária, vinculado ao Ministério da Justiça, como representante da sociedade civil. Trata-se de um conselho criado para propor diretrizes à política criminal e penitenciária do Brasil. A participação é voluntária e, portanto, não remunerada. O convite veio do então ministro da Justiça e Segurança Pública, Sergio Moro, e teve como base minha atuação por quase duas décadas como especialista em segurança pública e em políticas sobre drogas.

O governo do presidente Jair Bolsonaro estava apenas começando, e o fato de o ex-juiz Sergio Moro ter aceitado seu convite para assumir esse importante ministério surpreendeu a muitos, inclusive a mim. Sergio Moro, um juiz federal do Paraná, era conhecido dentro e fora do país por seu protagonismo nas investigações da operação Lava Jato, uma das maiores investigações anticorrupção do mundo.

Houve dúvidas sobre o alinhamento de suas ações à frente do ministério — cujos eixos principais seriam o combate ao crime violento e organizado e à corrupção — com as propostas de campanha do então candidato Jair Bolsonaro para a pasta, que se resumiam em liberar o porte de armas e aumentar calibres permitidos para civis e eliminar os já insuficientes controles sobre o uso da força pelas polícias. Porém, ele foi apresentado como um superministro e, supostamente, teria carta branca para implementar uma agenda técnica.

Antes de seguir com a minha história, trago um pouco de contexto. O Brasil é a quarta maior democracia do mundo, mas é também uma jovem democracia — emergimos de uma ditadura só em meados da década de 1980. Com a memória de 21 anos de regime militar (1964-1985), uma das preocupações centrais dos nossos novos líderes democratas foi criar mecanismos capazes de promover políticas mais inclusivas, compartilhar evidências do que funciona e engajar a sociedade civil.

Um exemplo prático dessa preocupação foi a criação de conselhos voluntários que, desde a redemocratização até 2018, eram abertos a diferentes representantes da sociedade — de líderes de base e ativistas cívicos a empresários e acadêmicos. Colegiados do gênero são uma maneira positiva de promover a diversidade de opiniões, especialmente num país tão desigual como o Brasil, e também de absorver a expertise de centros de pesquisa e organizações da sociedade civil na formulação de políticas públicas.

Embora eu já tivesse participado desse tipo de conselho anteriormente, o convite do ministro Moro vinha de um governo de extrema direita, liderado por um presidente com retórica autoritária. Portanto, não foi fácil tomar uma decisão. Quase 58 milhões de brasileiros votaram em Jair Bolsonaro no segundo turno das eleições de 2018, e muitos acreditaram que ele poderia entregar um Brasil mais seguro e menos corrupto, mas eu certamente não era um deles. Minha oposição às suas ideias sempre foi pública, muito antes de sua candidatura presidencial.

Suas propostas de campanha incluíam desmantelar a legislação brasileira de controle de armas, tolerar e incentivar a violência policial, retirar recursos das universidades públicas e controlar professores de ideologias contrárias, flexibilizar a legislação de trânsito, enfraquecer a proteção ao meio ambiente e às comunidades indígenas e estimular uma guerra cultural contra inimigos imaginários que defendiam uma suposta ideologia de gênero, o globalismo e o comunismo.

Não havia nenhuma afinidade entre mim e o Bolsonaro, eu já sabia disso havia muitos anos. Fui uma das coordenadoras da campanha de entrega voluntária de armas em 2004 e de um referendo sobre a restrição da compra de armas por civis que ocorreu em 2005, previsto na nova lei de controle de armas, aprovada pelo Congresso Nacional em dezembro de 2003, após ampla mobilização social da qual eu fiz parte ativamente.

Naquela ocasião, participei de um debate com o então deputado federal Jair Bolsonaro, porta-voz da bancada da bala, apoiada pelo lobby das indústrias de armas. Posso dizer que não foi uma experiência positiva. O que mais me assustou naquele dia não foi somente o descompromisso com os fatos e as barbaridades que ele falava, mas também a reação dos estudantes que nos assistiam. Eles ovacionavam o então deputado, um aparente *showman* do nonsense e da irresponsabilidade com os princípios fundamentais do Estado Democrático de Direito desde aquela época.

Mesmo assim, aceitei o convite de Moro para ingressar no Conselho Nacional de Política Criminal e Penitenciária. Eu o fiz por considerar um dever cívico, e talvez a chance de tentar construir pontes com áreas técnicas do Ministério da Justiça e da Segurança Pública e continuar ajudando a moldar políticas públicas em áreas tão importantes para milhões de brasileiros. E também porque em seu convite o ministro escreveu que "críticas e divergências, mesmo ao ministério, fazem parte", o que indicava que ele estava ciente que tínhamos diferenças e estava aberto para o debate plural, saudável em uma democracia.

Além disso, na gestão anterior do Ministério da Justiça, o Instituto Igarapé (do qual sou presidente e cofundadora) havia participado da elaboração do Plano Nacional de Segurança Pública e Defesa Social aprovado por meio do decreto 9630 em 2018. Eu era uma das representantes da sociedade civil no conselho de mesmo nome, a convite do ex-ministro Raul Jungmann. E, ao que parecia naquele momento, o ministro Moro teria autonomia para implementá-lo.

Em última instância, decidi participar porque divergia das ideias e propostas do presidente e de representantes de seu governo, e queria poder levar outra perspectiva baseada em dados e estudos. Nesse caso específico, considerava que o conselho seria o único espaço no atual governo para se tentar fazer uma discussão mais qualificada das políticas sobre drogas — que levou o Brasil à terceira posição no ranking do número de presos no mundo: 812 mil pessoas em 2019, e seu impacto na crise penitenciária brasileira.[1]

Eu tinha a certeza de que aquele seria um enorme desafio, sobretudo com a polarização em curso no Brasil. Mas não tinha ideia do que estava por vir.

No dia em que minha nomeação para o conselho foi publicada no *Diário Oficial*, eu tinha coincidentemente uma reunião marcada com o ministro Moro em Brasília para apresentar uma agenda de propostas de políticas públicas na área de segurança, elaborada pelo Instituto Igarapé e parceiros.[2] O ministro começou nossa reunião pedindo desculpas: ele precisaria sair quinze minutos antes do combinado porque o presidente acabara de enviar uma mensagem urgente pedindo para conversar.

Durante a campanha presidencial de 2018, Bolsonaro verbalizou que pretendia reprimir a sociedade civil, o que incluía grupos de pesquisa e ação independentes como o meu.[3] Por isso, não pude deixar de me perguntar se minha indicação ao conselho estaria entre os tópicos de sua conversa com o recém-empossado ministro, pois naquele dia, poucas horas depois da publicação da minha indicação, eu havia me tornado alvo de uma perversa campanha nas redes sociais.

O principal lobista de armas do Brasil e um obscuro blogueiro radical de direita lançaram uma campanha para me remover do conselho antes mesmo de eu assumir. A eles se juntaram grupos como o MBL — Mo-

46

vimento Brasil Livre —, que me atacava frontalmente desde 2017 por causa do meu trabalho com políticas de drogas, reforma do sistema prisional, controle de armas e em defesa de mais mulheres na política.[4] Em meados de 2019, esse grupo viria a se tornar oposição ao governo Bolsonaro e reconheceria, em parte, sua contribuição para a polarização e a agressividade no debate público no país.[5]

Quando o ministro Moro e eu nos sentamos para conversar no começo da tarde, a hashtag #ilonanão já era *trending topic* do Twitter no Brasil. *Haters*, *Bots e trolls*, membros do núcleo ideológico do governo e do suposto "gabinete do ódio", incluindo filhos do presidente, rapidamente se juntaram à ação, argumentando que minhas opiniões amplamente divulgadas sobre controle de armas e reforma da justiça criminal eram indesejáveis e até perigosas.

Mesmo numa era de ataques on-line e propaganda digital maciça, aquilo foi diferente de tudo o que eu havia experimentado. Em uma campanha digital que durou pouco menos de 48 horas, um grupo de fanáticos da direita (e seus robôs) forçou o ministro da Justiça a me remover do conselho por ordem do presidente. Sim, a guerrilha digital levou um ministro, que até então tinha carta branca, a retirar minha indicação a um conselho voluntário.[6]

Em sua carta de exoneração, Moro elogiou o trabalho da minha organização e lamentou a influência de "alguns segmentos" da sociedade brasileira. Era 28 de fevereiro de 2019, final do segundo mês do governo Bolsonaro:

Brasília, 28/02/2019 — O Ministério da Justiça e Segurança Pública nomeou Ilona Szabó, do Instituto Igarapé, como um dos vinte e seis componentes do Conselho Nacional de Política Criminal e Penitenciária (CNPCP), órgão consultivo do ministério. A escolha foi motivada pelos relevantes conhecimentos da nomeada na área de segurança pública e igualmente pela notoriedade e qualidade dos serviços prestados pelo Instituto Igarapé. Diante da repercussão negativa em alguns segmentos, optou-se por revogar a nomeação, o que foi previamente comunicado à nomeada e a quem o ministério respeitosamente apresenta escusas.

Este foi um dos primeiros atos públicos de intolerância do presidente contra uma representante da sociedade civil desde sua posse — e que infelizmente seguia o seu padrão de atuação de quando era deputado federal. O episódio foi seguido por centenas de outros. Alguns casos públicos anteriores ao meu já indicavam os desafios ao debate plural no novo governo. Ainda em novembro de 2018, antes do início do novo mandato, Mozart Ramos, respeitado diretor do Instituto Ayrton Senna, chegou a ser convidado para o Ministério da Educação por Bolsonaro, e não teria sido nomeado por resistência da bancada evangélica. Em janeiro de 2019, o então deputado eleito Jean Wyllys, que teve embates públicos duríssimos com o também deputado à época Jair Bolsonaro, decidiu deixar seu terceiro mandato e sair do Brasil, por sofrer ameaças de morte cada vez mais intensas.[7]

Eu compreendia que aceitar o convite envolvia riscos, e nesse momento, para mim, a percepção de que Bolsonaro e o gabinete do ódio governariam com o mesmo espírito de extremismo que animara sua campanha eleitoral, e era também a marca dos seus mandatos parlamentares, se tornou fato. Muitas pessoas compartilhavam da minha preocupação e outras só se dariam conta do que estava acontecendo muitos meses depois.[8]

Esse é um dos tantos episódios emblemáticos do fechamento do espaço cívico e da corrosão da democracia brasileira sob o bolsonarismo. E esse espírito extremista depende fortemente de intimidação, assédio e difamação, usados com frequência por membros do atual governo e importante parcela dos seus apoiadores e seguidores. Os ataques do governo desde então têm muitos alvos, dentre eles lideranças da sociedade civil, artistas, cientistas, acadêmicos, funcionários públicos, influenciadores, jornalistas e oponentes políticos.

Casos como o da atriz Fernanda Montenegro, do cientista Ricardo Galvão e do médico Drauzio Varella, das lideranças indígenas cacique Raoni e Sonia Guajajara, o da Priscila Cruz — presidente do Todos Pela Educação —, dos brigadistas de Alter do Chão, da ONG Projeto Saúde e Alegria e do Greenpeace, das jornalistas Bianca Santana, Constança Rezende, Míriam Leitão, Patrícia Campos Mello e Vera Magalhães, do influenciador Felipe Neto, dos professores Debora Diniz e David Nemer, da deputada Tabata Amaral, do embaixador Paulo Roberto de Almeida, do general Santos Cruz e do ex-ministro Sergio Moro, dentre muitos outros, são alguns dos exemplos conhecidos da aplicação das estratégias para fechar o espaço cívico e minar a democracia que trago neste livro. As estratégias se manifestam na maior parte das vezes no ambiente on-line, mas não são restritas a ele — os ataques têm muitas vezes consequências na vida real dos seus alvos.

Nos meses seguintes à campanha #ilonanão, reduzi minha participação no debate público por distintas razões, inclusive porque temia sofrer hostilidades em eventos presenciais — algo que começou a acontecer comigo e minha equipe em poucas mas desafiadoras ocasiões, já no período pré-eleitoral. O caso foi amplamente noticiado na imprensa e, por ser fonte de divergência entre o presidente e o ex-ministro Moro, e ter sido compreendido como um episódio de clara intolerância contra pessoas com opiniões divergentes, ele aparece até hoje, em retrospectivas sobre os atos autoritários do governo.[9]

A imprensa, em geral, foi respeitosa comigo e pontuou com firmeza o caráter antidemocrático do ato. Fiquei marcada, desde então, como "inimiga" do governo e, por conseguinte, da ala mais radical de seus apoiadores.

Quando o presidente me nomeou persona non grata, surgiram grandes desafios no âmbito pessoal e familiar, e também para a instituição que dirijo, o Instituto Igarapé. Serei eternamente grata às organizações e líderes da sociedade civil que, assim como muitos apoiadores, nos defenderam e seguiram ao nosso lado. Sofri também duras críticas e fogo amigo, e por algum tempo, mesmo para alguns dos parceiros institucionais e interlocutores do setor público e privado que me apoiavam, eu me tornei uma pessoa "tóxica".

Isso porque muito do meu trabalho é feito por meio de uma estratégia que chamo de diplomacia discreta. Ela requer encontros com autoridades e pessoas com poder de influência e decisão, nos quais eu levo dados e estudos para apoiar a formação de opinião desses interlocutores sobre os temas que pesquisamos no Igarapé. Comecei a ter dificuldade de passar despercebida em algumas dessas reuniões. Visitas que antes eram consideradas normais, parte do meu trabalho técnico, começaram a ganhar ares mais políticos e, para os mais radicais, até tons conspiratórios.

Para muitas dessas pessoas, me receber para uma conversa passou a ser considerado uma afronta ao governo. Até as relações de parceria estabelecidas muito antes do episódio do conselho começaram a ser usadas para atacar funcionários públicos e ocupantes de cargos políticos contrários aos interesses do gabinete do ódio. Um caso emblemático foi o ataque a dois generais com os quais o Instituto Igarapé teve relação de parceria na área de Missões de Paz e que até aquele momento estavam no governo.[10]

Lembro-me também de uma visita que fiz a alguns ministros do STF, em maio de 2019, para levar dados que embasariam um julgamento sobre a descriminalização das drogas. Soube por meio de uma jornalista, que me abordou enquanto eu caminhava de um gabinete para o outro, que o então ministro da Cidadania, Osmar Terra, estava naquele exato momento pedindo ao ministro Dias Toffoli que adiasse mais uma vez o julgamento (o que seria acatado por ele).[11] Tive que explicar a ela que não queria dar entrevistas pelo risco de mais

52

uma vez ser colocada como oposição direta ao governo. Por ser um radical opositor da reforma das políticas sobre drogas, o deputado Osmar Terra foi um dos primeiros parlamentares a atacar o Instituto Igarapé, seja na tribuna do Congresso, seja nas redes, já em 2013.

Por diversas razões, nunca falei ou escrevi sobre esses detalhes até este momento. Decidi fazê-lo agora em função das ações cada vez mais danosas do governo de Jair Bolsonaro contra a democracia. Hoje, são tantos os alvos das estratégias de fechamento do espaço cívico que se faz urgente contar as histórias, reconhecer os padrões e efeitos dos ataques, assim como formar coalizões amplas para freá-los. Nesse sentido, saber que não estamos sozinhos nos deixa mais fortes. E resolvi também que era o momento de detalhar os fatos, por ter sido novamente citada de forma leviana pelo presidente em abril de 2020, em cadeia nacional, como isca para agitar sua base mais radical.[12]

COMO MATAR LENTAMENTE UMA DEMOCRACIA

O presidente Bolsonaro é mais um líder populista e autoritário que usa as mídias sociais e o monitoramento digital para fazer guerra contra seus oponentes políticos e esgarçar as regras democráticas. A desinformação e retórica de ódio estão minando a responsabilidade dos governos, subvertendo a liberdade de expressão e fomentando a violência.

Como descrevi anteriormente, a cartilha seguida por governos populistas-autoritários para fechar o espaço cívico se espalha pelo mundo como parte de uma estratégia mais ampla — a de como matar uma democracia.[13]

O enfraquecimento de uma democracia pode passar despercebido por parte da população se for feito de forma gradual, sem tanques nas ruas e drásticas rupturas, como acontece em um golpe militar (o caso da Hungria, por exemplo, ilustra quão real é essa possibilidade). Sob a óptica da ciência política mais tradicional, o fechamento do espaço cívico algumas vezes não é levado em conta para avaliar a saúde de uma democracia. Dessa forma, a população pode perceber tarde demais o avanço do governo autoritário, e não terá como ajudar a reverter o processo.

No Brasil, mesmo com o rebaixamento do grau de nossa democracia em 2020 por relevantes organizações internacionais — passamos de uma democracia liberal para uma democracia eleitoral —, alguns cientistas políticos e autoridades continuam a afirmar que nossa democracia vai bem.[14] Eles ainda acreditam que o sistema de freios e contrapesos das instituições e diferentes poderes do Estado está conseguindo responder às tentativas de abuso de poder do presidente da República. Em geral, suas análises estão focadas nos procedimentos legais que têm sido usados pelo Congresso, pelo Ministério Público Federal ou pelo Judiciário para tal.[15] E, mesmo assim, por vezes não levam em conta o desvirtuamento de nomeações que contradizem o mandato de importantes instituições, o assédio a funcionários e o seu deliberado desmonte.

Sem ser especialista em saúde, eu diria que com as irresponsabilidades cometidas pelo presidente Bolsonaro durante a crise da covid-19, que levou o país a ter o segundo maior número de casos confirmados e mortes pela pandemia no mundo — mais de 4,5 milhões de casos e 136 mil mortos até meados de setembro de 2020, e pelo acirramento dos ataques ao STF e ao Congresso Nacional feitos por seus apoiadores radicais —, começamos a ver uma resposta mais contundente das instituições da República aos desvios de liturgia do presidente.

Ainda assim, creio que há pontos cegos que não estão sendo levados em conta.[16] A meu ver, essa é uma análise limitada que não contempla o exercício pleno da democracia garantido na Constituição Federal (CF). Quando olhamos pela óptica de proteção do espaço cívico, amplamente respaldada nos princípios fundamentais, direitos e garantias civis e sociais, descritos nos artigos de 1 a 6 da CF, a situação é muito grave, e por isso mais do que nunca devemos nos mobilizar e agir.

Para tornar essa análise mais tangível e concreta, retomo alguns detalhes da minha história e acrescento outros pontos que não mencionei anteriormente.

Isso não é uma teoria, e sim um jogo bastante assustador que está ocorrendo na prática em democracias ao redor do mundo, inclusive no Brasil. Acabei entrando nessa história não só como estudiosa do assunto, mas como alvo. O ataque começa com a *difamação por meio das fake news*, passando pelo *assédio e intimidação* de seus oponentes, ou inimigos, como os radicais gostam de chamar quem pensa diferente. Nessa estratégia, há a intenção de desumanizar e calar o alvo dos ataques.

O primeiro tuíte contra a minha indicação para o conselho veio do líder do movimento pró-armas do Brasil, um proeminente lobista da indústria armamentista. Foi seguido por um blogueiro de extrema direita, que criou a hashtag #ilonanão. Em poucos minutos, espalhava-se uma campanha bem orquestrada de difamação com memes e dezenas de vídeos de diferentes influenciadores radicais.

O "Ilona Não" acabou gerando mais de 222 mil tuítes. Fui chamada, entre outras coisas, de "cavalo de troia", "globalista", "agente de George Soros", "comunista", "sabotadora do governo" e, como a misoginia impera nas redes bolsonaristas, de "prostituta" e afins. Houve mais atributos — incluindo até "filha de Satanás".

Em seguida, destaco o *abuso de poder* do presidente, que no meu caso revogou a autonomia concedida ao ministro Moro, como o segundo ato deste roteiro. Com a escalada da campanha #ilonanão, o presidente Jair Bolsonaro interveio pessoalmente: ele afirmou que eu não era bem-vinda e pediu minha demissão ao ministro da Justiça.

Interferir em uma nomeação para um cargo voluntário e consultivo é algo aparentemente despropositado diante do escopo de responsabilidades e do poder de um presidente da República. Porém, ao fazê-lo, ele não só atende à sua base, como passa um recado claro para ocupantes de cargos técnicos e políticos: quem pensa diferente não é bem-vindo neste governo. Além de comprometer a qualidade do desenho e implementação de políticas públicas e o monitoramento das ações do governo pela sociedade, isso traz à tona outra estratégia, a *censura*.

Sua manifestação mais clara é a autocensura por parte de funcionários públicos, que passam a entender que pensar e interagir com pessoas de ideias divergentes não é aceitável. Essa atitude também promove uma caça às bruxas aos servidores não "alinhados" com a ideologia vigente por parte dos "súditos leais" do presidente. E, mais, também leva agentes cívicos a se autocensurar no debate público para não virarem alvos.

Como já disse, meu episódio foi apenas um dos primeiros de centenas de outros ataques públicos e velados ao espaço cívico e à democracia do atual governo que seguem até hoje. Nas semanas seguintes à minha (des)nomeação, o presidente começou a fechar dezenas de conselhos participativos em diferentes áreas, desmantelando, em vez de aperfeiçoar, o saudável e necessário trabalho de troca, supervisão e acompanhamento dos cidadãos para os atos e as políticas do governo. Mais uma estratégia estava sendo colocada em prática: as *restrições ao engajamento e à participação cívica* em larga escala.[17]

Alguns meses depois, em maio de 2019, utilizando uma de suas estratégias preferidas — *o jogo duro constitucional* —, o presidente publicou múltiplos decretos que desmantelavam a legislação brasileira sobre armas, a mesma pela qual eu trabalhara arduamente para que fosse aprovada no ano de 2003 e implementada a partir de então. Por considerar muito grave o teor dos decretos, nessa ocasião eu voltei ao debate público. E como se o episódio anterior do conselho não bastasse, mais uma vez fui mencionada nominalmente por ele.[18]

Os dias que se seguiram às entrevistas e aos artigos que publiquei na grande imprensa, e que geraram mais uma menção pública por Jair Bolsonaro, foram os mais difíceis. Os níveis de intimidação e disseminação de ódio, que dessa vez extrapolaram as redes sociais, só aumentaram. Começamos a enfrentar o desenrolar das estratégias extralegais e ilegais, o que torna difícil saber por quem estão sendo desenhadas e implementadas, qual a veracidade das informações que você recebe, e, como raramente deixam rastro, minha capacidade de denunciar teria pouco ou nenhum efeito. A falta de materialidade de provas não sustentaria o que tínhamos para dizer.

Naquele momento, houve sinais de que poderíamos estar sendo *vigiados* sem ter feito nada de errado, o que infringiria nosso *direito à privacidade*. Entendemos também, a partir de mensagens de ódio, algumas com imagens de violência explícita, que eu estava recebendo ameaças e que, se seguisse na linha de frente do debate, poderíamos (eu, minha família, minha equipe) sofrer consequências mais graves, incluindo a *violência física*.

A criação de um ambiente hostil à pluralidade de opiniões, onde autoridades nomeiam os que defendem ideias diferentes como inimigos a ser perseguidos e calados, pode levar extremistas a cometer atos violentos contra pessoas e instituições que personificam as divergências. Há, infelizmente, diversos exemplos dentro e fora do Brasil que ilustram como o discurso de ódio pode incentivar a violência no mundo real.[19]

Na véspera do Natal de 2019, a produtora do canal Porta dos Fundos foi atacada por retratar Jesus como homossexual em seu programa especial de fim de ano.[20] Em junho de 2020, apoiadores do governo soltaram fogos de artifício em direção ao STF.[21] Além disso, há antigas[22] e novas suspeitas de que o governo federal use o aparato estatal para monitorar seus oponentes.[23]

O que complicava ainda mais o contexto é que eu moro no Rio de Janeiro. Por estudar e atuar por quase duas décadas na área de segurança pública, e entender o funcionamento das milícias e do crime organizado infiltrados em parte nas polícias e no poder público, tive receio de registrar uma ocorrência ou de buscar proteção. Para piorar a situação, naquele período, nosso trabalho também sofria ataques públicos agressivos e difamatórios de algumas pessoas com cargos em outras importantes instituições do sistema de segurança pública e justiça criminal do estado.[24]

O conteúdo distorcido dos ataques desprezava o fato de o Instituto Igarapé contribuir para a melhoria da segurança pública na prática (ao contrário de muitos dos que nos atacavam), e de sermos parceiros de longa data em diversas iniciativas das instituições de segurança pública e justiça criminal do estado do Rio e de outros Brasil afora.[25]

Por fim, a terrível lembrança do brutal assassinato da vereadora Marielle Franco, em março de 2018, e as muitas perguntas ainda em aberto sobre o caso, cujos suspeitos envolvem milicianos do Escritório do Crime, também serviam de alerta. A família Bolsonaro é do Rio de Janeiro, e, entre as inúmeras acusações que respondem na Justiça, há suspeita de seu envolvimento com essa mesma milícia por intermédio de um funcionário do gabinete de um dos filhos do próprio presidente.[26]

Não vou mentir: os efeitos psicológicos e emocionais de tudo isso são muito desgastantes, e reais. Eu estava determinada a não ser silenciada, mas voltei a reduzir minhas aparições públicas. Embora eu me recusasse a ser intimidada, tive medo de minha filha ir para a escola e temi pela segurança da minha família e da minha equipe. Sei que, diante do atual contexto de ataques e intimidações, muitas outras pessoas experimentam os mesmos sentimentos.

Faço parte de um grupo que infelizmente não para de crescer. É fato que a reação da sociedade cresce a cada dia, mas ainda há pessoas que se autocensuram por medo da guerrilha on-line e das consequências cada vez mais frequentes off-line. Outras deixam o país em busca de liberdade intelectual e de atuação, ou com medo de retaliações.[27] Essa perda de talentos ou fuga de cérebros é mais uma séria consequência do fechamento do espaço cívico e da falta de perspectiva de futuro no país.

Os impactos não estão restritos somente à sociedade civil organizada e aos cidadãos mais atuantes. A economia também sofre com a fuga de investimentos internacionais em função da instabilidade política, com a péssima gestão da pandemia da covid-19 — repleta de desinformação e falta de coordenação efetiva —, e das irresponsáveis práticas ambientais, em especial na Amazônia.[28]

É assim que um governante populista-autoritário e seus apoiadores mais fanáticos fecham o espaço cívico e matam um pouco a cada dia a nossa democracia e o nosso futuro. Como disse, fechar esse espaço é ruinoso para a formulação e o monitoramento de políticas públicas e para o bem público. Perdemos todos.

A VOLTA AO DEBATE

Na época em que foi confirmada a eleição de Jair Bolsonaro, eu tinha decidido me inscrever para um programa de *fellowship* em políticas públicas na Universidade Columbia, em Nova York. Minha proposta era estudar o papel das organizações da sociedade civil que têm como objetivo aprimorar as políticas públicas e salvaguardar o bem público em um contexto de polarização. Quando fui aprovada, a ideia de estudar o impacto do fechamento do espaço cívico na atuação dessas organizações foi um ajuste natural.

Com a intensificação de intimidações e ameaças, achei que aquele seria um bom momento para refletir e me dedicar a essa pesquisa e ao estudo de um outro tema que se tornou prioritário para mim: a questão das mudanças climáticas. Não busquei necessariamente sair do Brasil por causa das ameaças, mas a vaga no programa veio na hora mais conveniente possível. O distanciamento físico me daria a tranquilidade que eu não tinha mais em solo brasileiro. Seria bom para mim e para minha família.

O período que passei na Universidade Columbia foi muito produtivo. Pude encontrar e entrevistar dezenas de pessoas que foram fundamentais para a pesquisa que apresento em resumo neste livro. Lá fora eu não tinha mais as restrições e os medos, e a sensação, real ou não, de vigilância que me acompanhou nos últimos meses de 2019 em que vivi no Brasil.

Infelizmente, essa experiência privilegiada e enriquecedora em Nova York foi interrompida de forma abrupta pela pandemia da covid-19. Deixei os Estados Unidos em março de 2020, mas transformei minha pesquisa em um programa pela defesa do espaço cívico no Instituto Igarapé. Esperamos aprofundar a conceituação, o debate e a ação conjunta com inúmeros parceiros para frear as ameaças autoritárias, e ajudar a trazer de volta e fortalecer o exercício democrático pleno em nosso país.

Depois de muitos meses em que atuei de maneira mais discreta — embora trabalhando de forma intensa —, o presidente Bolsonaro voltou a me colocar como sua inimiga em duas falas públicas. Na ocasião de seu pronunciamento, e em posterior entrevista, sobre a saída do ministro Moro do governo, ele mencionou novamente o meu nome de forma deturpada e agressiva.[29]

Fui mais uma vez pega de surpresa. Fazia mais de um ano da campanha #ilonanão, e o país estava enfrentando a maior confluência de crises da minha geração. Além das gravíssimas questões de saúde e econômica trazidas pela pandemia da covid-19, o presidente se sentia acuado por acusações em diferentes instâncias, por possíveis múltiplos crimes cometidos por ele e três dos seus filhos. A crise política agravava sobremaneira a gestão da pandemia, que tinha no presidente um dos raros líderes negacionistas no planeta.[30]

A irresponsabilidade, a negação da ciência, a insensibilidade e o egoísmo do presidente custam ao Brasil — e aos países vizinhos, com quem temos fronteiras difíceis de ser fechadas — dezenas de milhares de vidas. Sua atitude de estimular o caos agravou a já existente crise econômica que terá impacto em todas as áreas-chave para o desenvolvimento do país. Para piorar, a crise ambiental causada pelo desmatamento ilegal desenfreado, que cresce sob a anuência e inação do governo federal, deteriora a imagem do Brasil no exterior e ameaça o futuro das novas gerações.[31]

É desconcertante que, em um momento crítico como esse, o presidente se preocupe em citar um episódio insignificante — a minha nomeação para o Conselho de Política Criminal e Penitenciária — para agitar sua base de apoiadores mais radical e levantar suspeitas sobre a lealdade e inclinação ideológica do ex-ministro Moro. Mais do que isso, o Brasil pôde assistir, perplexo, a Bolsonaro voltar a fazer menção ao aborto, à ideologia de gênero e a outras coisas tão desconexas ao que realmente importa.

Disse o presidente a meu respeito, em 24 de abril de 2020:

Nós sabemos que essa senhora, ou senhorita, tem publicações, as mais variadas possíveis, defendendo o aborto, ideologia de gênero, entre tantas outras coisas que estão em completo desacordo com as bandeiras que eu defendi, que os cristãos brasileiros também defendiam e até os ateus defendiam também. Não foi fácil conseguir exoneração dessa pessoa.

Nunca trabalhei com os temas mencionados pelo presidente. Ele sabe bem o trabalho que exerço. O uso dessas palavras num momento trágico vivido pelo Brasil me faz entender que esse discurso foi feito meramente para sua base, que precisa de inimigos reais ou imaginários. Faz parte de sua cartilha personalizar as causas anticonservadoras em alguém — de preferência uma mulher — para incendiar seus seguidores.

Poucos meses depois, em julho de 2020, um dos filhos de Bolsonaro usou da mesma estratégia e voltou a me atacar em um post em sua rede social, reagindo a um comentário que fiz como parte da discussão acalorada sobre o diagnóstico positivo para covid-19 de seu pai. Minutos depois de sua publicação, uma vez mais, recebemos uma ameaça por mensagem privada de uma aparente conta falsa. Dessa vez, havia uma foto minha com meu marido, e outra foto de uma arma e munições com a frase "A guerra vai começar".

É uma história sombria. Não é assim que uma democracia deve funcionar. Mas, pelo lado positivo, esses episódios nos deixam algumas lições sobre como fortalecer e reinventar nosso sistema democrático. São muitos os ataques contra diversos alvos, mas há também uma reação maciça contra a intolerância.

Constato um despertar dos brasileiros que acreditam na democracia, nos direitos humanos e na liberdade com responsabilidade. Ao longo de 2019, centenas de milhares de pessoas foram às ruas em todo o país para protestar contra o imenso retrocesso em políticas em áreas como educação, meio ambiente, segurança e direitos humanos. Sei que isso se repetirá assim que as restrições da pandemia passarem.

É verdade que a democracia tem sofrido críticas em muitos países. Há um sentimento de insatisfação generalizada com o sistema. Essa insatisfação é difusa, complexa, ligada às dificuldades econômicas, às desigualdades e à imobilidade social, à sensação de insegurança (e muitas vezes à insegurança real), às divisões culturais, à raiva contra as elites, ao declínio dos partidos políticos e à percepção de que os líderes estão distantes da realidade do povo.

No entanto, apesar de seus muitos desafios, a maioria da população no Brasil defende a democracia e concorda que precisamos lutar por ela e aperfeiçoá-la.[32]

A questão é que talvez tenhamos dado o avanço democrático como garantido, ou consolidado. Precisamos reconhecer que a história que contamos a nós mesmos, sobre a inevitável marcha da democracia, tem falhas. E para consertá-la temos que ser capazes de fazê-la mais inclusiva e trazer o restante da população conosco.

Essa constatação nos traz uma responsabilidade muito maior. Devemos ter consciência do nosso papel na retomada do espaço cívico e na construção do país onde queremos viver e o qual queremos deixar para nossos filhos.

Tenho algumas ideias que gostaria de compartilhar a seguir.

3. Os antídotos

O mundo mudou em 2020. As ameaças à democracia e ao espaço cívico são um desafio central, mas não são os únicos que teremos que enfrentar. Essa confluência de crises sem precedentes — sanitária, econômica, política, ambiental, humanitária —, de acordo com as evidências científicas mais robustas a que temos acesso, faz desta década um momento crucial para acertar os rumos e assumir a responsabilidade coletiva de deixar um mundo habitável para nossos filhos e netos. Não temos escolha: precisamos enfrentar todos os desafios, e temos pouca margem de erro.

A covid-19 serviu para escancarar quão nossas sociedades são desiguais. Muitas pessoas finalmente perceberam que a humanidade é uma só, e que somos interdependentes. Só sairemos dessas múltiplas crises (e das próximas que virão) se entendermos que não podemos deixar ninguém para trás. Como lembrou o historiador Yuval Noah Harari, o antídoto para confrontar os desafios do momento não é a segregação, mas a cooperação.[1]

A boa notícia é que, apesar dos enormes desafios que temos pela frente, a humanidade nunca esteve tão bem posicionada para enfrentá-los. Temos os dados e as pesquisas, as tecnologias e os fóruns regionais e globais para agir coletivamente. Além disso, dispomos de plataformas comuns e poderosas para nos guiar: até 2030 precisamos atingir os dezessete Objetivos de Desenvolvimento Sustentável (ODS)[2] e metas cruciais do Acordo de Paris sobre mudanças climáticas.[3]

Para tal, a primeira ameaça que precisamos enfrentar é a falta de liderança. Ou melhor, as más lideranças que, por escolha própria, sabotam a cooperação nacional e internacional e tomam decisões erradas, pois desprezam a ciência e o debate plural, colocando a todos nós e as próximas gerações em risco. Precisamos do comprometimento individual de todos, da capacidade dos estados de cooperar entre si de forma eficiente e coordenada, e agir coletivamente com os diferentes setores da sociedade. Lideranças responsáveis de diferentes gerações, em governos, empresas e sociedades civis, serão centrais para enfrentar as crises do nosso tempo.

Mas o que são lideranças responsáveis? Como abrir espaço para sua atuação? E qual é o papel de cada um de nós como cidadãos? A parte final deste livro pretende endereçar essas questões com informações e ferramentas básicas para que cada cidadão possa participar ativamente da construção desse novo mundo.

LIDERANÇAS RESPONSÁVEIS

Ao longo da minha trajetória tive a oportunidade de trabalhar e conviver com grandes lideranças nacionais e globais. Mulheres e homens de diferentes matizes ideológicos, características pessoais e estilos de liderar. Elas e eles ocuparam posições de líderes máximos de seus países, de organizações internacionais, comunitárias, sociais e filantrópicas, de grandes grupos empresariais e financeiros, destacaram-se por seu papel cívico na sociedade ou conquistaram um saber notório para figurar entre os intelectuais públicos de maior expressão mundo afora. Apesar dos seus impressionantes feitos e currículos, eu nunca tive dúvida de que aquelas pessoas eram sobretudo seres humanos, com qualidades e defeitos, com erros e acertos, e que carregavam alguns orgulhos e outros tantos arrependimentos e aprendizados em sua história.

É o lado humano, e não sua influência e poder, o que mais me interessa em cada uma dessas pessoas. Para mim, para ter autoridade ou para tornar-se uma referência, seja em cargos, seja em assuntos específicos, é preciso ter legitimidade. E a legitimidade não é algo dado, e sim algo a ser conquistado ao longo de uma trajetória responsável. Nunca acreditei em salvadores da pátria ou super-heróis. Ao longo do tempo, passei a ter certeza de que liderança nada tem a ver com ser invencível ou onipotente. Entendi também que ninguém faz nada sozinho e, portanto, sem um bom grupo de apoio e um time de qualidade, com muitos craques, morremos todos na praia. E, sobretudo, que todos que queiram se envolver com a coletividade, independentemente do setor e lugar que ocupem na sociedade, podem ser um líder responsável.

Dei sorte de conhecer e de ser inspirada por verdadeiros líderes com espírito público — qualidade mais importante de lideranças responsáveis. Pessoas que carregam genuína preocupação com a melhoria do bem-estar da humanidade e têm um forte senso de dever cívico e propósito. Além disso, admiro a capacidade de reconhecerem que têm sempre muito a aprender e, portanto, estão abertos a trocas com pessoas que pensam diferente, a receber e assimilar novas informações e conhecimentos, a reconhecer erros e a mudar de opinião. Entre as lideranças mais especiais que conheci, outra característica me chama muita atenção: a capacidade de colaborar e de não ter que competir por espaço, pois sabem que seu espaço está garantido desde que continuem a contribuir com o que têm de melhor.

Um dos momentos mais ricos que tive nesse sentido ocorreu entre 2008 e 2016, quando fui secretária executiva da Comissão Latino-Americana sobre Drogas e Democracia e da sua sucessora, a Comissão Global de Políticas de Drogas. Ao longo desses anos, assumi a responsabilidade de viabilizar pesquisas, encontros, debates e declarações capazes de espalhar novas ideias e boas práticas adotadas em dezenas de países para mudar o rumo da política de drogas, que tem grande peso nas questões de violência, racismo e desigualdades. Pude trabalhar em estreita colaboração com alguns dos membros dessas comissões, incluindo os ex-presidentes do Brasil, Colômbia, México e Suíça — Fernando Henrique Cardoso, César Gaviria, Ernesto Zedillo e Ruth Dreifuss —, intelectuais e lideranças públicas como Louise Arbour e Thorvald Stoltenberg, líderes empresariais como Richard Branson e o ex-secretário-geral da ONU Kofi Annan (falecido em 2018).[4]

Por minhas mãos, passaram os rascunhos de documentos que se tornariam referência nos temas encampados pelas comissões.[5] Eles serviram de embasamento e inspiração para a experiência de regulação da *cannabis* no Uruguai, o Acordo de Paz na Colômbia, projetos de lei no México e resoluções de agências importantes das Nações Unidas. Além disso, deram origem a dezenas de artigos de opinião nos mais relevantes veículos de imprensa, ações de comunicação e influência em posições editoriais e em políticas públicas mundo afora. Meu compromisso de defender e apoiar políticas públicas baseadas em evidências e que funcionam só aumentou. E entendi que assumir posições sobre temas de vanguarda e quebrar tabus requer coragem para falar e agir e exige um diálogo aberto e informado entre diversos setores da sociedade.

Líderes são fundamentais também porque, muitas vezes, a história da humanidade é contada a partir deles, concordemos ou não. Os filósofos gregos e outros teóricos da Antiguidade abordaram o tema da liderança ao investigar as características de um bom líder.[6] Para os gregos, um bom líder deveria inspirar o respeito pela lei e pela ordem e, dentre as suas qualidades, estavam a justiça, a sabedoria, a astúcia e a bravura. Para Platão, o líder era o elemento mais importante do bom governo, e deveria ser educado para governar com ordem e razão. Aristóteles destacou a educação como fundamental para promover boas lideranças. Já Maquiavel achava que os líderes precisavam de firmeza para manter a autoridade, o poder e a ordem no governo. Ele defendia a ideia de que a melhor forma de alcançar seus objetivos era ganhando o apoio da população, mas, se não fosse possível, para ser eficaz o líder poderia fazer uso de ameaças, jogos de intriga, traição e até violência.[7]

Essa concepção, obviamente, já não é mais aceitável em democracias, pois avançamos muito até chegar à criação dos Estados Democráticos de Direito, em que todos os cidadãos são iguais perante a lei. Esse ideal ainda não foi atingido em grande parte das democracias do mundo, e temos que batalhar por ele, fortalecendo as instituições criadas para protegê-la. Hoje sabemos que os fins não justificam os meios, e que os atributos de um bom líder evoluíram com os avanços civilizatórios e democráticos.

No ensaio "Os três tipos de dominação legítima",[8] publicado em 1958, o sociólogo alemão Max Weber apresentou sua clássica teoria da liderança, dividindo-a em três tipos: tradicional ou patriarcal, racional-legal e carismática. Esta última, segundo Weber, é encontrada nos líderes com características individuais únicas, cuja missão e visão inspiram os outros. No entanto, ele chama atenção para a instabilidade das lideranças carismáticas, por estarem relacionadas à fé, à crença, à lealdade e à obediência de seus seguidores, e dependentes da extensão em que uma figura religiosa ou política é capaz de preservar a influência moral e a prosperidade dos mesmos. A devoção ao líder nesses casos não se baseia em sua capacidade técnica, mas em sua capacidade de inspirar e de gerar o sentimento de identificação em seus seguidores. Nesse sentido, se há perda de confiança e identificação entre subordinados e líderes, a eficácia da liderança se dissolve.

De acordo com Weber, carisma é: "Certa qualidade de uma personalidade individual, em virtude da qual ele é separado dos homens comuns e tratado como dotado de poderes ou qualidades sobrenaturais, sobre--humanas ou, pelo menos, especificamente excepcionais". Há exemplos positivos de líderes considerados carismáticos. Mas na política a liderança carismática é frequentemente associada a Estados autoritários e seus autocratas, ditadores e teocratas. Os líderes nesses sistemas tendem a estabelecer um culto enraizado da personalidade, que inclui o uso de propaganda, *soft power*, mídia e outros métodos para construir uma imagem pública inquestionável, caracterizada pela perfeição e pelo heroísmo, exibindo traços de narcisismo, egoísmo, vaidade e orgulho.[9]

Qualquer semelhança com o perfil de lideranças atuais não é mera coincidência. Como diz Yascha Mounk, professor das universidades Harvard e Johns Hopkins, em seu livro *O povo contra a democracia*, estamos vendo um avanço assustador de lideranças populistas-autoritárias, que reivindicam uma representação exclusiva do povo, não toleram a oposição e não respeitam a necessidade de instituições independentes.[10] A meu ver, em sua grande maioria os líderes populistas-autoritários têm traços e estratégias muito semelhantes aos das lideranças carismáticas descritas por Weber. Por mais que a história nos mostre o perigo de lideranças carismáticas que não estejam voltadas ao interesse público, ainda não conseguimos alertar uma parte da população sobre os riscos que trazem ao tomar o poder. Pois, ao assumirem o controle sobre instituições do Estado, podem buscar também o controle parcial ou total de meios de comunicação e de meios de coerção e uso da força, oficiais ou não (como milícias ou grupos paramilitares, por exemplo). E assim as democracias morrem.

Como contraponto à ameaça dos líderes populistas-autoritários, trago um dos conceitos de liderança que considero dos mais relevantes na atualidade, o de liderança responsável — que, a meu ver, inspira o ideal de liderança que devemos buscar.

Esse conceito compreende a liderança sob uma perspectiva normativa, baseada em valores. Líderes responsáveis precisam ter um senso de propósito e uma visão norteadora, que os ajudem a navegar nos períodos de incerteza. Devem ter caráter e ser guiados por virtudes e princípios como respeito, cuidado, honestidade, responsabilidade, humildade, confiança e cidadania ativa. E, além disso, devem praticar a introspecção.[11]

A legitimidade de uma liderança responsável não está baseada em sua posição, status, sistema de recompensas ou poder coercitivo. Ela se baseia na responsabilidade como trata temas de interesse público, como a educação, o meio ambiente, a segurança e a saúde, o desenvolvimento humano, econômico e social, e nas relações que essa liderança estabelece com diferentes grupos que têm interesse (ou são afetados) por uma determinada questão. Esses grupos podem se tornar seus aliados em defesa de pautas comuns e seus seguidores, enquanto o líder se mantiver fiel aos seus princípios e propostas. Para tanto, é fundamental construir e manter bons relacionamentos com todas as partes relevantes e criar uma rede de inclusão em que o líder se coloque entre iguais.[12]

A Rede de Lideranças Globais do Fórum Econômico Mundial lançou, em parceria com os Global Shapers e a Accenture, a pesquisa "Buscando novas lideranças: liderança responsável por um mundo sustentável e equitativo". Nela, descrevem os cinco elementos fundamentais para uma liderança responsável:[13]

1. *Inclusão das partes interessadas*: salvaguardar a confiança e o impacto positivo para todos, mantendo-se o lugar das partes interessadas na tomada de decisões e promovendo um ambiente inclusivo em que diversos indivíduos tenham voz e se sintam pertencentes ao grupo.

2. *Emoção e Intuição*: unir compromisso e criatividade, ser verdadeiramente humano, mostrar compaixão, humildade e abertura.

3. *Missão e Propósito*: promover objetivos comuns, inspirando uma visão compartilhada de prosperidade sustentável para a instituição e seus *stakeholders* — pessoa ou organização que tem interesse legítimo em um processo ou entidade.[14]

4. *Tecnologia e Inovação*: criar novo valor institucional e social inovando, de modo responsável, com a tecnologia emergente.

5. *Intelecto e Conhecimento*: encontrar caminhos cada vez melhores para o sucesso, adotando aprendizado contínuo e troca de conhecimentos.

LIDERANÇAS FEMININAS E FEMINISTAS

O debate sobre a existência de estilos femininos e masculinos de liderar com frequência se baseia em ideias estereotipadas a respeito do que é ser homem e do que é ser mulher. No entanto, há séculos mulheres e homens são socializados a se comportar de determinadas maneiras, o que traz características específicas a sua forma de liderar.

A liderança pode ser difícil de definir, mas em tempos de crise como a que vivemos é fácil identificá-la, afirmou um editorial do *New York Times* sobre como diferentes países estavam lidando com a covid-19. De Norte a Sul, do Ocidente ao Oriente, entre países ricos e pobres, líderes nacionais de todo o mundo têm sido duramente testados. Muitos demonstraram estar aquém do desafio, mas houve os que "demonstraram determinação, coragem, empatia, respeito pela ciência e decência elementar para, assim, reduzir o impacto da doença em seu povo" — em sua absoluta maioria essas lideranças são mulheres.[15]

O tema da liderança feminina ganhou relevância no enfrentamento à covid-19 mundo afora. Apesar de serem somente sete por cento, as mulheres estão entre as lideranças mais bem-sucedidas no combate à pandemia. Nesse contexto, o que as líderes da Alemanha, Dinamarca, Finlândia, Islândia, Nova Zelândia têm em comum? E em que medida suas ações bem-sucedidas se relacionam ao fato de serem mulheres?

Um artigo de Amanda Taub, colunista do *New York Times*,[16] faz considerações importantes sobre o tema. Se por um lado Jacinda Ardern, primeira-ministra da Nova Zelândia, tomou a atitude mais drástica de rapidamente fechar o país, colocando a vida da população em primeiro lugar, os presidentes dos Estados Unidos, Donald Trump, e do Brasil, Jair Bolsonaro, apareceram sem máscara em eventos públicos, foram lentos ou interferiram nas ações que consideraram mais radicais de seus governadores e prefeitos, preocupando-se primeiramente com sua base econômica. Além disso, ambos tentaram antropomorfizar a covid-19, fazendo piada e colocando-se como superiores à doença. Jacinda, por sua vez, aceitou — alguns diriam que humildemente — o perigo imposto pelo inimigo invisível e tomou a atitude que para muitos pareceu também a mais humana. Preservar vidas acima de tudo.

Muito antes de sua atuação na covid-19 eu já a considerava uma dessas lideranças que nos deixam lições inspiradoras. Uma das mulheres mais jovens a assumir o cargo de primeira-ministra na história, aos 37 anos, ela foi também a segunda chefe de Estado a se tornar mãe no exercício do mandato — a primeira foi Benazir Bhutto em 1990, no Paquistão.

Tive a sorte de conhecê-la em encontros da rede de jovens lideranças globais do Fórum Econômico Mundial, da qual ambas fazemos parte. Jacinda deu sucessivas demonstrações de que um chefe de Estado pode ser ao mesmo tempo firme e sensível. Uma delas foi sua reação aos piores atentados terroristas da história do seu país, quando duas mesquitas da cidade de Christchurch sofreram ataques, 51 pessoas morreram e outras 49 ficaram gravemente feridas.

Na época, suas atitudes suscitaram elogios por todo o mundo, que podem ser sintetizados pelo editorial do *New York Times*, segundo o qual Jacinda "mostrou o caminho" do que se espera de uma liderança como exemplo de empatia, respeito e combate ao ódio. "A América merece uma líder tão boa quanto Jacinda Ardern", escreveu o jornal.[17]

Atitudes como a de Jacinda foram também observadas em outros países bem-sucedidos no enfrentamento à pandemia. Angela Merkel montou um time de especialistas diverso e multidisciplinar para escolher a melhor forma de atuar. A primeira-ministra da Dinamarca chegou a organizar uma conferência de imprensa com crianças. Outras lideranças femininas, como as da Finlândia, Noruega, Taiwan e Islândia, também se tornaram conhecidas por seus países apresentarem taxas de contágio e de morte mais baixas durante a pandemia.

Todas elas tiveram atitudes em comum: priorizaram a colaboração, agiram rápido, não titubearam em tomar decisões difíceis e impopulares como o isolamento social e o *lockdown*, respeitaram a ciência e a saúde pública — montando times para enfrentar a crise com a presença de especialistas —, e assim usaram o conhecimento disponível a favor de suas populações.[18] Elas investiram em testagem, métodos de *contact tracing*, aquisição de equipamentos de proteção e respiradores, entre outros passos que foram sendo recomendados ao longo da crise sanitária. O resultado é que começaram a fazer experimentos controlados de reabertura da economia mais cedo que outros países.

O projeto Eleitas, do Instituto Update, sobre mulheres na política na América Latina, traz alguns insights interessantes. O estudo entrevistou 96 mulheres eleitas (escolhidas por terem inclinação pragmática, consciência de gênero e por desafiarem o status quo), desde vereadoras, deputadas estaduais e federais, senadoras, até prefeitas e governadoras de seis países — Argentina, Bolívia, Brasil, Chile, Colômbia e México. Em geral, um traço dominante é a determinação em resolver problemas. Em torno disso se exercita uma empatia pragmática, uma conexão com a sociedade por meio da escuta, mais colaboração — pois sabem que problemas complexos não se resolvem sem parceria

83

— e menos preocupação com a autoria das ações. Nesse sentido, essas mulheres tendem a se importar menos com o ego e mais com o resultado.

Todos nós temos características de liderança, que ao longo da história foram interpretadas como femininas e masculinas. Em minha vivência, pude observar que, quando mulheres, e também homens, priorizam características comumente atribuídas a mulheres e formam times mais diversos e colaborativos, o resultado dos processos e das ações tende a ser mais justo, duradouro e positivo. Isso ocorre não só no âmbito público, mas também no privado e social.

Ações nesse sentido são um aspecto do feminismo. O feminismo é, nesse caso, definido como um movimento político, filosófico e social que defende a igualdade de direitos entre mulheres e homens. Portanto, feminista é uma pessoa que, independentemente de seu gênero, defende a igualdade entre homens e mulheres.

No livro *Sex and World Peace*,[19] os professores Valerie M. Hudson, Bonnie Ballif-Spanvill, Mary Caprioli e Chad F. Emmett não deixam dúvidas: um dos melhores indicadores de estabilidade e prosperidade de um país é quão bem as mulheres são tratadas.[20] O maior grau de seu envolvimento na política está correlacionado, por exemplo, a uma maior renda nacional, a níveis mais baixos de corrupção e mesmo à menor probabilidade de conflito armado.[21]

Um caso exemplar nesse quesito é o da Finlândia. O país está no topo de rankings globais de educação, igualdade de gênero, segurança, governo e instituições, e bem-estar da população. Foi um dos primeiros países da Europa a conceder o direito de voto às mulheres, em 1906, e o primeiro do mundo a eleger mulheres para o Legislativo, no ano seguinte.

Em dezembro de 2019, Sanna Marin tornou-se primeira-ministra da Finlândia, liderando uma coalizão formada por cinco partidos, todos chefiados por mulheres — quatro delas com menos de 35 anos. "Eu acredito em liderar pelo exemplo", disse ela, numa aula sobre liderança, igualdade de gênero, educação e mudanças climáticas na Universidade Columbia, em Nova York.

Sanna fala numa economia de bem-estar social livre de combustíveis fósseis e em investimentos em educação desde a primeira infância até a educação continuada de adultos. Seu governo espera atingir a neutralidade na emissão de carbono até 2035 de forma socialmente justa. Para tanto, ressalta, as políticas públicas precisam ser baseadas em pesquisas e alinhadas aos objetivos de desenvolvimento sustentável das Nações Unidas.

Sanna vem de uma "família arco-íris", como ela descreve sua criação por duas mães. Numa entrevista concedida em 2015, disse: "Para mim, as pessoas sempre foram iguais. Não é uma questão de opinião. Essa é a base de tudo".[22]

Tive a oportunidade de conhecê-la no início de 2020, em Nova York. Quando lhe perguntei que mensagem gostaria de deixar para meninas, mulheres e cidadãos que querem mudar o mundo, ela me disse: "Dê um passo adiante. Considere fazer parte de partidos políticos, concorra a cargos políticos em diferentes níveis. Atue! É um direito e uma obrigação de todos tentar fazer mudanças no mundo".

SEGUIR UM PROPÓSITO

Apesar de alguns progressos, conquistar espaços de fala e de liderança ainda hoje é uma tarefa difícil para a maioria das mulheres. Lideranças femininas ou feministas ainda são minoria, seja na política, seja nas empresas, ou em espaços de representação da sociedade civil.

Nos meus anos de trabalho com as comissões sobre políticas de drogas, comecei a sentir vontade de me posicionar publicamente. Formei, então, redes de pares e fundei uma instituição, sempre em conjunto com outras mulheres e homens da minha geração, com os quais compartilho princípios comuns e a visão sobre a importância do papel das mulheres na sociedade. A essa altura eu já estava no mercado de trabalho havia mais de dez anos, tinha liderado equipes e processos importantes, mas não tinha protagonismo.

Quando penso sobre o que me motivou a trabalhar com causas sociais e me tornar uma empreendedora cívica, chego inicialmente à minha avó materna, minha xará Ilona — que virou Helena no Brasil. Ela foi minha grande inspiração e meu exemplo de coragem, dedicação, dignidade e integridade. A origem do meu incômodo com a opressão, a desigualdade e a violência vem da história dela e do meu avô Ferenc, ou Francisco, como era chamado por aqui. Ao longo dos anos, esse incômodo foi se transformando em uma busca pela igualdade, justiça social e liberdade com responsabilidade, na minha vida pessoal, no meu trabalho, nas causas que me movem. É isso que me guia desde então. Afinal, nossos princípios e valores são o que nos define, o que nos faz ser quem somos.

A história da minha avó e do meu avô é digna de ser contada em um romance. Eles fugiram da ocupação soviética na Hungria em 1946.[23] Eram muito jovens quando chegaram ao Brasil, após trinta dias de travessia no cargueiro Almirante Alexandrino — minha avó tinha 22 anos e meu avô, 26, e haviam se casado dois anos antes. Vivenciaram os terríveis dias da Segunda Guerra Mundial e, com o fim do conflito, queriam ser livres, começar uma vida nova juntos, sem a opressão da ocupação. Como tantas outras pessoas de sua geração, resolveram deixar tudo para trás e fugir. Escaparam de seu país natal a pé, cruzando uma parte remota da fronteira com a Áustria, e seguiram até chegar à Itália, onde depois de um período de trabalho duro e de muitas privações, receberam passaportes suecos (já que eram fugitivos de seu país de origem) para que pudessem embarcar de navio ao Brasil.

Minha primeira exposição ao mundo foi por meio das histórias dos meus avós. Os horrores das duas grandes guerras, a busca pelos seus ideais, sua jornada de fuga da Hungria, a travessia da Áustria, a estada na Itália, a solidariedade dos suecos que lhes emitiram novos documentos, sua chegada ao Brasil — sua nova pátria, em uma época em que tantos imigrantes ajudaram a construir o nosso país. Desde cedo sua história me fez querer conhecer outros países, e dei sorte de ter sido muito incentivada nesse sentido também por meus pais. Ainda na adolescência, fiz um intercâmbio na Letônia. Escolhi passar um ano em um país totalmente desconhecido para mim, em vez de ir para os Estados Unidos. Minha motivação era conhecer melhor a história da Europa, agora unificada, e conhecer novas culturas e novos povos no Leste e no Oeste. Era 1995, poucos anos depois da queda do muro de Berlim. A Letônia, assim como os outros países do Leste Europeu, estava em intensa transformação, resgatando sua identidade, idioma e cultura pré-ocupação e reinventando sua democracia.

Foi nesse período que me dei conta do privilégio de viver em uma democracia, mesmo com todos os desafios que a jovem democracia brasileira ainda tinha pela frente. As histórias e as marcas ainda visíveis da Primeira e da Segunda Guerras, e da ocupação soviética, estavam por toda a parte. Foi nessa época também que visitei pela primeira vez a Rússia — país que exercia e ainda exerce grande influência e até temor no Leste Europeu — e depois a Hungria. Queria conhecer a terra dos meus avós e visitar meus parentes que até então eu só conhecia por cartas e fotografias. Hoje, quase 25 anos depois dessa primeira viagem, confesso que bate uma tristeza ao pensar que após tanta luta por liberdade o país passa novamente por inúmeros desafios desde a ascensão de um líder populista-autoritário como Viktor Orbán. Penso no que meus avós diriam desse momento.

Alguns anos depois de viver um tempo na Letônia, conquistei uma bolsa de estudos e fui fazer um mestrado na Suécia — o país que ajudou meus avós a trocar a Europa pelo Brasil. Uma democracia mais próxima dos ideais de igualdade, senso de justiça e liberdade do que muitas outras. O país tem um alto índice de desenvolvimento humano e econômico, e uma ampla rede de proteção social. Por lá tive discussões profundas sobre o papel das mulheres na sociedade, aprendi sobre a mediação e a resolução dos principais conflitos armados, e sobre os pressupostos para garantirmos a manutenção da paz. E foi somente em retrospecto que percebi que o mapa da minha vida estava sendo escrito com muitas interseções com a história dos que vieram antes de mim.

Essa grande ligação com a história dos meus avós maternos, aliada ao fato de eu ter nascido e crescido em Nova Friburgo, uma cidade segura, onde vivi sem medo e com liberdade de ir e vir, traçou o caminho para os meus passos futuros. Quando me mudei para o Rio de Janeiro, para cursar faculdade e trabalhar, foi um choque. Compreendi o que de fato era a profunda desigualdade e a insegurança. Naquela época, final da década de 1990, o Brasil já era um dos países mais violentos do mundo, um triste recorde que mantemos até hoje, mais de duas décadas depois. Era difícil aceitar a normalização das altas taxas de violência, concentradas em zonas marginalizadas das cidades. Eram impensáveis até então as restrições de ir e vir e os muros imaginários da cidade. Pensava na guerra vivida pelos meus avós. O Rio era diferente, mas estava longe de ser normal.

Em minhas buscas para conhecer a realidade "escondida" da cidade, fui conhecer uma unidade do sistema socioeducativo, onde os adolescentes em conflito com a lei cumprem medidas restritivas de liberdade. Fiquei muito tocada com o que vi: crianças e adolescentes condenados a não ter uma segunda chance na vida.

Entendi então que a violência era desigual, que o Rio de Janeiro era uma cidade partida — como tão bem descreveu Zuenir Ventura em seu livro de mesmo nome —, e que o seu CEP de nascimento e a cor da sua pele determinam fortemente suas chances na vida, desde quanto você ganha à probabilidade de você ser preso e até a forma como você morre. Foi então que, depois de quase cinco anos trabalhando em bancos de investimento, dei uma virada. Resolvi arriscar e seguir o que para mim era uma enorme vontade de fazer a minha parte para melhorar não só a minha realidade, mas a de outras pessoas, em especial as mais vulneráveis e invisíveis. Fui seguir o meu propósito.

Durante os meus anos de faculdade, fui inspirada pelo trabalho de diferentes organizações da sociedade civil que trabalhavam na linha de frente defendendo direitos fundamentais dentro e fora do Brasil. Deparei-me com o trabalho de uma delas e decidi que queria atuar nas questões de violência e desigualdade em meu país. Isso me levou do mercado financeiro para o terceiro setor. Foi o primeiro grande passo na minha jornada de evolução profissional e pessoal.

Menos de um ano depois de começar o meu novo trabalho, me convidaram para liderar uma campanha de coleta de armas na mesma organização. Era 2004. Essa iniciativa estava prevista na nova legislação nacional, fruto de uma grande campanha da sociedade civil, na qual também estava proposto um referendo. Foi uma das maiores campanhas de entrega voluntária de armas da história — quase 500 mil armas de fogo foram coletadas em todo o Brasil em sua primeira fase. Com a nova lei de controle de armas de 2003, a iniciativa ajudou a salvar cerca de 135 mil vidas desde então.[24] Eu não sabia nada sobre armas e tive uma semana para abrir o primeiro posto civil de coleta de armas, num processo que daria início à criação de mais de quatrocentos outros espalhados pelo país. Nesse período, passei meus dias trabalhando com quatro Ps — padres, pastores, policiais e políticos. E assim comecei minha jornada de educação política na prática, na qual continuo engajada e aprendendo a cada dia.

Foram anos de muito trabalho. Essa experiência me levou a sentar com profissionais de pensamentos diversos para tentar conciliar diferentes visões. Era trabalhoso, mas eu sentia que aquele era o caminho certo. Tivemos vitórias, mas também sofremos difíceis derrotas. Aprendi muitas lições nesse período, e a principal delas é que cada um de nós pode e deve contribuir para a construção de um mundo melhor. As recompensas, quando trabalhamos e nos envolvemos em ações altruístas — isto é, ações solidárias que buscam ajudar os outros e melhorar sua realidade —, são imensas e até difíceis de colocar em palavras.

Depois dessa experiência única, eu me envolvi com o trabalho nas comissões internacionais sobre drogas a partir de 2008. Me casei com o Robert, um canadense que conheci no trabalho com controle de armas e de redução da violência ao redor do mundo, e que é o meu grande parceiro de causas e de jornada até hoje. Em 2014, nossa filha Yasmin Zoe nasceu — minha maior realização. Yasmin me reconectou com meu lado feminino, que estava menos fortalecido depois de tantos anos de trabalho em temas duros e sob lideranças masculinas. Ela me ajuda a querer ser a cada dia uma pessoa melhor. Com sua chegada, a minha preocupação em deixar um mundo melhor para ela e para todas as crianças só aumentou.

Foi nessa época também que senti que havia chegado a hora de levar as causas nas quais acredito, as redes que construí e as habilidades que tive a oportunidade de acumular para outro nível de atuação. Em 2011, fui uma das fundadoras do Instituto Igarapé. Um *think and do tank* reconhecido globalmente por desenvolver pesquisas, parcerias e novas tecnologias, e por propor soluções baseadas em evidências para influenciar o debate público e aprimorar as políticas públicas. O instituto está hoje classificado entre os melhores do mundo. Está na linha de frente de algumas das questões mais urgentes para a nossa sociedade — segurança e democracia, mudanças climáticas, paz e segurança global, crimes cibernéticos e direitos digitais — dentro e fora do Brasil.

Nesse novo contexto, me senti mais confiante para me colocar publicamente. Comecei a escrever artigos de opinião com frequência, dar entrevistas e participar de dezenas de fóruns de debate nacionais e internacionais. Nossas pesquisas, tecnologias e os impactos de nossa atuação passaram a ser regularmente apresentados nas principais agências de notícias do mundo — da *Folha de S.Paulo* e *O Globo* à BBC; da CNN e *The Economist* ao *New York Times*. Esse posicionamento público, em especial quando ligado a temas urgentes que ainda enfrentam grande resistência na sociedade, tem um alto custo pessoal, como os que eu já mencionei neste livro. Mesmo assim, acredito no meu propósito. E em nenhum momento me arrependo de tê-lo seguido.

Para além desse chapéu de empreendedora cívica que escolhi como profissão, a experiência de aprender com grandes líderes me levou a ter um engajamento pessoal bastante ativo no espaço cívico. Sou cofundadora de redes de novas lideranças, como a Rede de Transformação Pública, a Rede Pense Livre e o Movimento Agora. Esses novos caminhos e conexões me abriram outras portas. Fui nomeada para a rede de Jovens Líderes Globais do Fórum Econômico Mundial em 2015. Isso me ajudou a conhecer e me conectar com lideranças responsáveis da minha geração mundo afora. Em todas essas iniciativas contei com a colaboração de pessoas que admiro, e muitas delas são mulheres. Em sua maioria, fazem parte de uma rede de apoio absolutamente necessária para qualquer um que queira empreender uma jornada de liderança cívica, se manter firme em seu propósito e com os pés no chão.

Sou muito grata a todas elas. E em especial à minha avó Ilona, à minha avó Carmen e à minha mãe, Elisabeth. Eu não teria tido a coragem e a firmeza para seguir o meu propósito se elas não tivessem aberto o caminho, me apoiado e confiado em mim.

O PODER DO CIDADÃO

Resolvi compartilhar um pouco da minha jornada e das minhas escolhas com vocês para convocá-los para essa grande missão que é a defesa do espaço cívico e da democracia no Brasil e no mundo. Com todas as suas deficiências e falhas, é na democracia que exercemos a cidadania, que participamos da construção do presente e deixamos um legado para as gerações futuras. Precisamos aprimorá-la para que possamos atingir os ideais humanitários presentes em nossa Constituição Federal e na Carta Internacional dos Direitos Humanos.

Cada vez mais, jovens e adultos se engajam na ação cívica e entendem que, quando deixamos o egoísmo de lado e olhamos para o outro, o mundo se abre para nós. Ele se torna um lugar muito mais rico e interessante de viver. Para incentivar as pessoas que estão querendo se engajar e ainda não sabem como, deixo aqui algumas sugestões. Parte delas foi resgatada do meu segundo livro, *Segurança pública para virar o jogo*, que escrevi com Melina Risso, parceira de causas e empreitadas cívicas. Tive a ideia de escrever esse livro durante o protesto pelo terrível assassinato da vereadora Marielle Franco no centro do Rio de Janeiro, em março de 2018. Naquela manifestação pacífica e muito potente, percebi que as pessoas queriam mudar a política de segurança, mas não sabiam como era possível fazê-lo, não sabiam o que pedir. Resolvemos escrever o livro às pressas para que ele fosse lançado a tempo de servir como insumo para o debate eleitoral e para a melhor avaliação das propostas de candidatos que pudessem tornar o país mais seguro para todos.

Como estudiosa do tema, eu sabia da perigosa relação entre políticas de segurança pública equivocadas, e a negligência de décadas com o tema, com as ameaças à democracia que começávamos a enfrentar. Naquele momento, eu já estava preocupada com o aumento da parcela da população que apoiava os discursos populistas-autoritários que acabaram por eleger líderes que cultuam o egoísmo e a morte, e se esquivam de sua principal responsabilidade, que é proteger a vida e a dignidade dos cidadãos.

O livro foi lançado em agosto de 2018, e suas mensagens não chegaram muito longe, a tempo de apoiar reflexões que poderiam nos ter poupado de precisar sair mais uma vez às ruas em defesa da nossa jovem democracia. Mas aqui estamos, e temos o dever de agir.

Divido então algumas das formas pelas quais acredito que podemos assumir um papel cívico ativo em nossas sociedades.

Como agir no on-line

Informe-se e forme sua opinião buscando fatos comprovados e estudos que tenham credibilidade sobre seus temas de interesse. Escolha bem as suas fontes e não dissemine notícias falsas. Isso está ao seu alcance.

Hoje existem organizações dedicadas à checagem de fatos, como a Agência Lupa e a Aos Fatos. Há também iniciativas de checagem da veracidade de informações de grandes jornais, como a Fato ou Fake e a Comprova. Além de se informar, você pode ser um multiplicador e ajudar a disseminar conteúdo de qualidade.

Seja também um participante ativo do debate público respeitoso e construtivo, fomentando-o em todos os espaços e círculos de sua convivência. Busque convergências entre diferentes linhas de pensamento e saiba que discordar respeitosamente é normal. Ajude a despolarizar e desradicalizar o debate. Quando for agredido nas redes sociais, não responda na mesma moeda. Não deixe que o comportamento errado do outro determine o comportamento que você quer ter. Agindo dessa forma, você diminui o alcance dos propagadores de ódio. Sem a sua repercussão, o engajamento com as publicações de ódio diminui. E, além disso, você estará cuidando de sua saúde mental.[25] A organização Redes Cordiais traz várias outras dicas sobre como participar e fomentar um debate saudável e ser um comunicador não violento no espaço virtual. Vale conferir.

Como ajudar a melhorar a política pública de dentro ou de fora da política partidária

Escolha seus representantes no governo com muita responsabilidade, esteja sempre atento às propostas e ações dos candidatos e autoridades. Busque apoiar e eleger lideranças responsáveis comprometidas com o interesse público e com o conhecimento de ponta.

Fique atento para não apoiar ideias e propostas que ferem garantias legais, direitos constitucionais e que discriminem grupos sociais. Mesmo que hoje essas propostas não sejam contra você, nada impede que amanhã você esteja na mira.

Desconfie de soluções mágicas e populistas, de heróis que dizem que resolverão tudo sozinhos do dia para a noite. Salvadores da pátria não existem.

Monitore os mandatos e cobre resultados. Isso vale para vereadores, deputados estaduais e federais, senadores, prefeitos, governadores e presidente da República. Fique atento ao papel e às responsabilidades de cada nível de governo. Diversas organizações e movimentos da sociedade civil acompanham e fiscalizam ações e decisões dos três poderes do Estado. Escolha os temas que quer acompanhar, siga as organizações que fazem análises e atuam na defesa de políticas públicas baseadas em evidências, escreva para seus representantes eleitos e cobre-os no debate público.

Existem inúmeras organizações em distintas áreas, como:

ORGANIZAÇÃO	ÁREA DE ATUAÇÃO
Agenda Pública	Políticas públicas
Aliança Nacional LGBTI	Direitos humanos
Anistia	Direitos humanos
Articulação dos Povos Indígenas do Brasil	Povos indígenas
Centro de Análise da Liberdade e do Autoritarismo	Defesa da democracia
Centro de Cidadania Fiscal	Política fiscal
Coalizão Negra por Direitos	Igualdade racial
Conectas	Direitos humanos
Confluentes	Fortalecimento da filantropia
Fórum Brasileiro de Segurança Pública	Segurança Pública

Geledés	Igualdade de gênero e racial
Human Rights Watch	Direitos humanos
Imazon	Meio ambiente e sustentabilidade
Instituto Água e Saneamento	Saneamento básico
Instituto Alana	Direitos das crianças
Instituto Alziras	Participação de mulheres na política
Instituto Clima e Sociedade (ics)	Mudanças climáticas
Instituto de Defesa do Direito de Defesa	Direito de Defesa
Instituto de Estudos para Políticas de Saúde (Ieps)	Saúde
Instituto de Estudos Socioeconômicos (Inesc)	Políticas públicas
Instituto de Identidades do Brasil	Igualdade racial
Instituto Igarapé	Segurança pública, digital e climática
Instituto Socioambiental (isa)	Meio ambiente e povos indígenas
Instituto Sou da Paz	Segurança Pública

Instituto Tecnologia e Sociedade (ITS)	Tecnologia
Instituto Trata Brasil	Saneamento básico
Instituto Update	Inovação política
Movimento Agora	Políticas públicas e participação política
Nossas	Ativismo e mobilização
Observatório de Favelas	Políticas urbanas e direitos humanos
Pacto pela Democracia	Defesa da democracia
Política por Inteiro	Políticas Públicas
Projeto Liberdade	Defesa das liberdades e dos direitos humanos
Rede de Justiça Criminal	Direitos humanos e violência institucional
Think Olga	Gênero
Todos pela Educação	Educação Pública
Transparência Brasil	Corrupção
Transparência Internacional — Brasil	Corrupção

Considere filiar-se a um partido político. Ajude a melhorar os partidos por dentro. Essas instituições precisam se reinventar para cumprir melhor seu papel na democracia no século XXI. Se quiser ir além e aprimorar você mesmo as políticas públicas, você pode trabalhar no serviço público ou candidatar-se a algum cargo público.

Sugiro que, antes de tomar essa decisão, você se conecte com seu propósito e avalie se está realmente disposto a servir aos outros, a pensar no interesse coletivo antes do seu interesse individual. Se está disposto a seguir regras de conduta, transparência e engajamento que contribuam efetivamente para melhorar a vida das pessoas. A organização Vetor Brasil, por exemplo, auxilia a entrada de pessoas no serviço público.

Se a decisão de se candidatar for parte do seu chamado, busque um partido político que tenha princípios éticos e pautas programáticas alinhadas com as suas. Hoje existem organizações e movimentos cívicos que apoiam a entrada de novas lideranças na política, como a Raps (Rede de Ação Política pela Sustentabilidade), o Movimento Acredito, o RenovaBR, a Bancada Ativista, o Vamos Juntas e o Vote Nelas. Além de apoiar vários passos no processo de preparação de uma candidatura, nessas organizações você também vai conhecer pessoas com objetivos similares, fará novos amigos e começará a criar uma necessária rede de apoio para sua nova jornada.

COMO E POR QUE ATUAR ATIVAMENTE NO ESPAÇO CÍVICO

Já falamos sobre como podemos ser melhores cidadãos no ambiente digital e como atuar para melhorar as políticas públicas de dentro ou de fora de governos. Para finalizar por ora a nossa conversa, trago aqui algumas outras formas de se engajar ativamente na sociedade civil organizada e fazer a diferença.

E por que isso é cada vez mais importante?

Estamos vivenciando um momento de profunda transformação no Brasil e no mundo. Fomos forçados a pausar, parar por tempo ainda indeterminado, o que considerávamos, até então, ser a nossa "vida normal". Foi nos dada uma possibilidade única de refletir sobre nossos hábitos, prioridades e valores.

Todas as questões que precisamos resolver para garantir nossa existência e das próximas gerações foram escancaradas e, portanto, aguardam soluções. A pergunta central é: o que vamos fazer com essa oportunidade de mudança e regeneração?

Boa parte da sociedade redescobriu a importância da solidariedade e compreendeu que somos interdependentes. De um lado, a pandemia nos mostrou a importância de cuidar das pessoas, de estreitar relacionamentos; de outro, nos relembrou que a vida pode e deve ser mais simples. Nos mostrou que a natureza está no controle, que somos parte dela e que, portanto, precisamos respeitá-la e preservá-la.

A década que se inicia em 2020 é determinante. Não temos mais tempo a perder. A forma como respondermos aos desafios atuais definirá como será o restante dos nossos dias na Terra. E a boa notícia é que temos a extraordinária chance de fazer novas e melhores escolhas.

Estamos preparados?

A resposta é sim. Muitos já sentem o despertar de uma cidadania ativa. O próximo passo é nos comprometer individualmente e começar a agir pensando no coletivo. Esse novo modelo mental precisa ser cultivado junto com o exercício do otimismo teimoso que nos motivará a seguir em frente e a vencer os grandes desafios. Isso é o que nos explica Christiana Figueres, a diplomata que foi uma das principais articuladoras do Acordo de Paris para frear as mudanças climáticas, em seu livro *The Future We Choose* [*O futuro que escolhemos*].[26]

Para os que não querem entrar na vida política partidária, e já sentem vontade de fazer mais do que se informar, debater e acompanhar mandatos, a participação na sociedade civil e no espaço cívico é um excelente caminho. Escolha uma ou mais causas que te tocam. Se ainda não descobriu a sua, conecte-se com o seu propósito, com o que é importante para você. Pesquise sobre o trabalho de organizações da sociedade civil que defendem causas, há bons exemplos acima para você iniciar suas descobertas.

Engaje-se!

Envolva-se em um conselho participativo de seu bairro, cidade ou país; em programas de voluntariado de alguma escola ou associação; em atividades de organizações da sociedade civil que trabalham com as temáticas que te interessam. Doe tempo, conhecimento ou recursos — o que for possível e o que tiver de melhor para oferecer. Leve suas ideias e sua força de mobilização para começar a atuar na prática.

Para quem quer ir além do voluntariado, considere a opção profissional de trabalhar ou fundar uma organização da sociedade civil comprometida com o interesse público.

Construa pontes com pessoas que pensam diferente de você, mas que compartilham os mesmos princípios. Junte-se a elas em causas comuns — como a defesa da democracia, por exemplo, tão atual e essencial para todas as outras questões que temos que resolver.

E, assim que as ruas puderem ser ocupadas novamente, participe de protestos pacíficos e ações de resistência civil não violenta para demandar que o poder público aja corretamente. Essa forma de se manifestar politicamente é também conhecida como desobediência civil, e, quando feita de forma estratégica e respeitosa para se opor a alguma injustiça ou a um governo opressor, pode ser muito eficaz.

Entre alguns exemplos podemos citar a mobilização liderada por Mahatma Gandhi no processo de independência da Índia e do Paquistão, ou por Martin Luther King na luta pelos direitos civis e o fim da segregação racial nos Estados Unidos. E, mais recentemente, o movimento Black Lives Matter e Fridays for Future, liderado por Greta Thunberg.

Greta encerrou o seu discurso na Cúpula do Clima (COP25) em Madri, em 2019, com uma frase que serve perfeitamente para o momento atual:

Há esperança — eu já vi —, mas não vem dos governos ou corporações, vem das pessoas. As pessoas que não estavam conscientes e agora estão começando a acordar, e, quando tomamos consciência, mudamos. Podemos mudar, e as pessoas estão prontas para a mudança. E essa é a esperança, porque temos democracia.[27]

Se lembrarmos que governos e corporações são feitos de pessoas, eu concluo dizendo: independentemente de onde você esteja, acredite, você pode mudar o mundo.

Agradecimentos

Este pequeno livro é fruto de duas experiências marcantes em minha vida — uma negativa e uma positiva —, nas quais contei com o fundamental apoio de muitas pessoas queridas. Eu não teria como destacar nominalmente cada uma delas, mas não poderia deixar de expressar minha gratidão aos meus amigos, em especial a Barbara Silva, Beto Vasconcelos, Melina Risso, Michele dos Ramos, Rodrigo de Almeida e a toda equipe do Instituto Igarapé, por estarem ao meu lado e acreditarem em nosso propósito coletivo em momentos desafiadores para nosso trabalho e nossa vida.

Da mesma forma, gostaria de agradecer a Thomas Trebat, do Columbia Global Centers no Rio de Janeiro, por ter me incentivado a me candidatar ao *fellowship* na Universidade Columbia, em Nova York. E a Gustavo Azenha, Esteban Andrade e à Fundação Lemann, que lideram e apoiam o Centro de Estudos do Brasil desta universidade, onde a pesquisa que apresento em resumo na primeira parte deste livro começou a ser realizada. Agradeço também a Paul Lagunes, Iain Levine e João Gabriel Santana de Lima, pelas trocas no âmbito da pesquisa acadêmica.

Estendo meu muito obrigada a Carol Taboada, Giovanna Kuele e Renata Giannini, pelo apoio em pesquisas para o livro. E a Luciana Guimarães, Melissa Gadelha, Maurício Moura, Miguel Darcy, Pierpaolo Bottini, Robert Muggah, e também ao Beto, à Michele, à Renata e ao Rodrigo, pela leitura crítica e sugestões importantes para o mesmo.

Não poderia deixar de fora o agradecimento à Lucia Riff e Eugenia Ribas Vieira, que apostaram no potencial de nossa parceria antes desse nosso primeiro projeto em conjunto nascer. E aos editores Marcelo Ferroni e Daniela Duarte da Companhia das Letras, entusiastas do livro desde o início.

E, finalmente, todo o meu amor e gratidão ao meu marido e companheiro de jornada, Robert, à minha filha, Yasmin Zoe, e às nossas duas famílias — brasileira e canadense.

Notas

NOTA AO LEITOR [pp. 11-5]

1. Os líderes autoritários e populistas podem ascender ao poder pelo voto democrático, mas, uma vez no poder, eles buscam enfraquecer ou subverter a democracia. Essas lideranças buscam fortalecer o Poder Executivo central, ameaçando o equilíbrio e o sistema de freios e contrapesos entre os poderes da República. Quando bem-sucedidas, acabam por matar o regime democrático.

2. A Declaração Universal dos Direitos Humanos. Disponível em: <https://nacoesunidas.org/direitoshumanos/declaracao/>. Acesso em: 15 jul. 2020.

3. Dom Phillips, "The playbook is the American altright: Bolsonaristas follow familiar extremist tactics". *The Guardian*, 27 jan. 2020. Disponível em: <www.theguardian.com/world/2020/jan/27/american-alt-right-playbook-bolsonaro-extremist-tactics-brazil>. Acesso em: 15 jul. 2020.

4. Conceitos básicos de teoria política contratualista. Para saber mais: ver autores como Thomas Hobbes, John Locke e Jean-Jacques Rousseau.

1. O PROBLEMA [pp. 17-39]

1. Institute of Development Studies (IDS), "What Does Closing Civic Space Mean for Development? A Literature review and Proposed Conceptual Framework". *IDS Working Paper*, 31 jul. 2018. Para uma revisão dos esforços pelo fechamento dos espaços cívicos, ver o site Open Democracy, disponível em: <www.opendemocracy.net/en/tagged/closing-space-for-civil-society/>. Acesso em: 15 jul. 2020. Também é possível consultar Chris Stone, "Why the Space for Civic Engagement is Shrinking". *Open Society Foundations*, 21 dez. 2015.

2. Saskia Brechenmacher, "Opening Government, Closing Civic Space: Resolving the Paradox". *Carnegie Endowment for International Peace*, 18 jun. 2019. Disponível em: <https://carnegieendowment.org/2019/06/18/opening-government-closing-civic-space-resolving--paradox-pub-79321>. Acesso em: 15 jul. 2020.

3. "Center for Strategic & International Studies", Washington. Disponível em: <www.csis.org/programs/human-rights-initiative/closing-civic-space>. Acesso em: 15 jul. 2020.

4. "Civicus Monitor: Tracking Civic Space", Nova York. Disponível em: <www.civicus.org/index.php/what-we-do/innovate/civicus--monitor>. Acesso em: 15 jul. 2020.

5. Global Dialogue, "Go big or?: Trends in Closing Space Grant--making", 2018. Disponível em: <http://global-dialogue.eu/wp-content/uploads/2018/12/FICS-State-of-funding-2018_lowres.pdf>. Acesso em: 15 jul. 2020.

6. Susan Dodsworth, "Time to Stop Talking About Closing Space for Civil Society?". *Civic Space Watch*, 5 fev. de 2018. Disponível em: <https://civicspacewatch.eu/time-to-stop-talking-about-closing--space-for-civil-society/>. Acesso em: 15 jul. 2020.

7. Michael Jarvis, "Retire the Phrase 'Closing Civic Space' — A New Year's Resolution (or Wish)". *Transparency & Accountability Initiative*, 14 jan. 2019. Disponível em: <www.transparency-initiative. org/blog/4240/retire-the-phrase-closing-civic-space-a-new-years--resolution-or-wish/>. Acesso em: 15 jul. 2020.

8. Antoine Buyse, "Squeezing Civic Space: restrictions on civil society organizations and the linkages with human rights". *The International Journal of Human Rights*, v. 22, n. 8, Taylor & Francis Online, 2018, pp. 966-88. Disponível em: <www.tandfonline.com/doi/full /10.1080/13642987.2018.1492916>. Acesso em: 15 jul. 2020.

9. A Practical Guide for Civil Society. Disponível em: <https:// www.ohchr.org/Documents/AboutUs/CivilSociety/CS_space_ UNHRSystem_Guide.pdf>. Acesso em: 16 jul. 2020.

10. Antoine Buyse, "Squeezing Civic Space: restrictions on civil society organizations and the linkages with human rights". *The International Journal of Human Rights*, v. 22, n. 8, Taylor & Francis Online, 2018, pp. 966-88. Disponível em: <https://jia.sipa.columbia.edu/ take-back-future-global-feminisms-and-coming-crisis-beijing-settlement>. Acesso em: 16 jul. 2020.

11. UN Human Rights Council Issues: Protecting and expanding the civic space. Disponível em: <https://www.ohchr.org/EN/Issues/ CivicSpace/Pages/ProtectingCivicSpace.aspx>. Acesso em: 16 jul. 2020.

12. Jurgen Habermas, *The Structural Transformation of the Public Sphere: An Inquiry into a category of Bourgeois Society*. Cambridge: Polity Press, 1989.

13. Scott Chaplowe, Ruth Bamela Engo-Tjega, "Civil Society Organizations and Evaluation". *World of Practice*, v. 13, n. 2, 2007, pp. 257-74.

14. Ibid.

15. A definição de extralegal é algo que não é regido por leis ou não está dentro do escopo da lei.

16. Chris van der Borgh, Carolijn Terwindt, "Shrinking Operational Space of NGOs — a framework of analysis". *Development in Practice* 22, n. 8, 2012, pp. 1065-1081. Disponível em: <www.tandfonline.com/doi/full/10.1080/09614524.2012.714745>. Acesso em: 15 jul. 2020.

17. Joana Oliveira, "Juristas se unem em defesa de brigadistas e alertam para retórica autoritária que vai às vias de fato sob Bolsonaro". *El País*, 4 dez 2019.

18. Um Estado Democrático de Direito tem como dever garantir o respeito das liberdades civis, pelos direitos humanos e pelas garantias fundamentais, através do estabelecimento de uma proteção jurídica. Dessa forma, as próprias autoridades políticas estão sujeitas ao respeito das regras de direito. No artigo primeiro da Constituição Federal de 1988 afirma-se que o Brasil é um Estado Democrático de Direito, e ao longo do texto as principais características desse sistema são ressaltadas: soberania popular; democracia representativa e participativa; um Estado Constitucional, ou seja, que possui uma Constituição que emanou da vontade do povo; e um sistema de garantia dos direitos humanos. Ver também: <www.politize.com.br/estado-democratico-de-direito/> e Lucas Calaça, "O Estado Democrático de Direito à luz da Constituição Federal". *JusBrasil*, 2015. Disponível em: <https://lucascalaca71.jusbrasil.com.br/artigos/189932692/o-estado-democratico-de-direito-a-luz-da-constituicao-federal>. Acessos em: 16 jul. 2020.

19. Disponível em: <https://politique.org.br/a-historia-da-democracia-moderna-em-tres-partes/>. Acesso em: 16 jul. 2020.

20. Disponível em: <https://www.project-syndicate.org/onpoint/is-liberal-democracy-in-retreat-by-steven-pinker-and-robert-muggah-2018-03?barrier=accesspaylog>. Acesso em: 16 jul. 2020.

21. Samuel P. Huntington, *A terceira onda: A democratização no final do século XX*. São Paulo: Ática, 1994.

22. Disponível em: <https://www.forbes.com/sites/stratfor/2017/05/25/the-forces-driving-democratic-recession/#5aa8599e-4db2>. Acesso em: 15 jul. 2020.

23. Douglas Rutzen, "Civil Society under Assault". *Journal of Democracry*, v. 26, n. 4, Baltimore, 2015, pp. 28-39. Ver também Antoine Buyse, "Squeezing Civic Space: Restrictions on civil society organizations and the linkages with human rights". *The International Journal of Human Rigths* 22, n. 8. Taylor & Francis Online, 2018, pp. 966-988. Disponível em: <https://jia.sipa.columbia.edu/take-back-future-global-feminisms-and-coming-crisis-beijing-settlement>. Acesso em: 16 jul. 2020.

24. Martin Pengelly, "Go back home: Trump aims racist attack at Ocasio-Cortez and other congresswomen". *The Guardian*, 15 jul. 2019.

25. US Protest Law Tracker, ICNL (International Center for Not-For-Profit Law). Disponível em: <www.icnl.org/usprotestlawtracker/>. Acesso em: 16 jul. 2020.

26. Monitor Tracking Civic Space. Disponível em: <https://monitor.civicus.org/updates/2019/04/29/whistleblower-reveals--government-monitoring-journalists-and-activists-due-their-work/>. Acesso em: 16 jul. 2020.

27. Glenn Kessler, "The 'very fine people' at Charlottesville: Who were they?". *The Washington Post*, 8 maio 2020.

28. William A. Galston, "Trump's dubious Hungarian friend". *The Wall Street Journal*, 14 maio 2019; Richard Gonzalez, "Trump greets Hungary's hard-right leader in Oval Office". *NPR*, 14 maio 2019.

29. Miles Parks, "Trump invites controversial Philippines leader to White House". *NPR*, 30 abr. 2017; Natascha Bach, "Trump's reported stance on executing drug dealers in his latest nod to the Philippines' authoritarian leader". *Fortune*, 26 fev. 2018; Steve Holland,

David Brunnstrom, "Trump says he does not mind if Philippines cuts military pact with U.S.". *Reuters*, 12 fev. 2020.

30. Freedom in the World 2020. Disponível em: <https://freedomhouse.org/country/hungary/freedom-world/2020>. Acesso em: 14 jul. 2020.

31. Zack Beauchamp, "Hungary just passed a 'Stop Soros' law that makes it ilegal to help undocumented migrants". *Vox*, 22 jun. 2018.

32. Justin Spike, "Covid Pandemic adds to pressure on Hungarian media". *VOA*, 1 jun. 2020.

33. Joanna Kakissis, "European Parliament Lawmakers demand punishment for Hungary over emergency power". *NPR*, 14 maio 2020.

34. Disponível em: <https://foreignpolicy.com/2020/07/17/hungary-democracy-still-under-threat-orban-state-public-health--emergency-decree/>. Acesso em: 18 jul. 2020.

35. Anistia Internacional, "'If you are poor, you are killed': extrajudicial executions in the Philippines' "War on Drugs'". 2017. Disponível em: <https://www.amnesty.org/download/Documents/ASA3555172017ENGLISH.PDF>. Acesso em: 16 jul. 2020.

36. Disponível em: <https://freedomhouse.org/country/philippines/freedom-world/2018>. Acesso em: 15 jul. 2020.

37. "Duterte himself banned Rappler reporter from Malacañang coverage". *Rappler*, 19 fev. 2019.

38. Freedom in the World 2020. Disponível em: <https://freedomhouse.org/country/philippines/freedom-world/2019>. Acesso em: 14 jul. 2020.

39. "Philippines: President Duterte Signs Law to Respond to Covid-19 Pandemic". *Baker McKenzie*, 26 mar. 2020.

40. Carlos H. Conde, "Philippine activists charged with sedition, 'Fake News'". *Human Rights Watch*, 22 abr. 2020.

41. "In the Philippines, new anti-terror law threatens journalists". *The Committee to Protect Journalists — CPJ*, 18 jul. 2007.

42. "Philippine court asked to annul Duterte-backed anti-terror law". *Aljazeera*, 6 jul. 2020; Rebecca Ratcliffe, "Duterte's anti-terror law a dark new chapter for Philippines, experts warm". *The Guardian*, 9 jul. 2020; "Philippines: Dangerous anti-terror law yet another setback for human rights". *Amnesty*, 3 jul. 2020.

43. Raul Dancel, "Philippine Congress passes anti-terror Bill to beef up police powers; critics say it can be used to target detractors". *The Straits Times*, 3 jul. 2020.

44. "Duterte's Shutdown of TV Network Leaves Void Amid Coronavirus Crisis". *The New York Times*, 14 maio 2020.

45. World Report (EUA, 2019), Human Rights Watch (HRW). Disponível em: <www.hrw.org/sites/default/files/world_report_download/hrw_world_report_2019.pdf>. Acesso em: 14 jul. 2020.

46. Samantha Bradshaw, Philip Howard, "The Global Disinformation Order: 2019 Global Inventory of Organised Social Media Manipulation". *Computational Propaganda Research Project*, Oxford: Oxford University, 2019. Disponível em: <https://comprop.oii.ox.ac.uk/wp-content/uploads/sites/93/2019/09/CyberTroop-Report19.pdf>. Acesso em: 14 jul. 2020.

47. Há um debate acalorado sobre a ameaça da democracia no Brasil. De um lado estão aqueles que sustentam a ideia de que a democracia não está ameaçada. Estes, em geral, oferecem análises estritamente focadas no papel das instituições e em suas respostas aos atos e ataques do Poder Executivo. Neste livro procuro oferecer outra visão, segundo a qual as estratégias atualmente adotadas para fechar o espaço cívico no Brasil são uma ameaça real à democracia no país.

48. Philip Selznick, "Foundations of the theory of organization." *American Sociological Review*, v. 13, n. 1, 1948, pp. 25–35; Francis Fox Piven, Richard Cloward, *Poor People's Movements*. Nova York: Pantheon, 1977.

49. Aurélio Buarque de Holanda Ferreira, *Novo dicionário da língua portuguesa*, 2. ed. Rio de Janeiro: Nova Fronteira, 1986, p. 425; Thomas Schelling, *Arms and Influence*. New Haven: Yale University Press, 1966.

50. Edson C. Tandoc Jr., Zheng Wei Lim, Richard Ling, "Defining 'Fake News'". *Digital Journalism*, v. 6, n. 2, 2018, pp. 137-153.

51. European Commission (EC), *A multidimensional Approach to Disinformation: Report of the Independent High Level Group on Fake News and Online Disinformation*. Luxemburgo: Publications Office of the European Union, 2018. Disponível em: <https://op.europa.eu/en/publication-detail/-/publication/6ef4df8b-4cea-11e8-be1d--01aa75ed71a1>. Acesso em: 13 jul. 2020.

52. Harold Dwight Laswell, "Censorship". *Encyclopedia of the Social Sciences*, v. 3, n. 290, 1930, pp. 291-3.

53. CIVICUS. *People Power Under Attack — a report based on data from the CIVICUS monitor*. Dezembro, 2019. Disponível em: <https://civicus.contentfiles.net/media/assets/file/GlobalReport2019.pdf>. Acesso em: 14 jul. 2020.

54. Ben Hayes, *Counter-terrorism, "policy Laundering" and the FATF: Legalising Surveillance, Regulating Civil Society*. Transnational Institute, 2012.

55. IGF, *The Charter of Human Rights and Principles for the Internet Booklet*. UN Internet Governance Forum: Internet Rights and Principles Coalition, 2019. Disponível em: <https://internetrightsandprinciples.org/wp-content/uploads/2020/03/IRP_booklet_Eng_7ed_Nov2019.pdf>. Acesso em: 15 jul. 2020.

56. Martyn Barrett, Ian Brunton-Smith, "Political and Civic Engagement and Participation: Towards an Integrative Perspective". *Journal of Civil Society*, v. 10 n. 1, 2014, pp. 5-28.

57. Cf. <www.civicus.org/index.php/fr/component/tags/tag/funding-restrictions> e Jonas Wolff, Annika Elena Poppe, "From Clos-

ing Space to Contested Spaces: Re-assessing current conflicts over international civil society support". *PRIF Report*, v. 137. Frankfurt, 2015.

58. International Covenant on Civil and Political Rights (ICCPR). Adopted and opened for signature, ratification and accession by General Assembly resolution 2200A (XXI) of 16 December 1966, entry into force 23 March 1976, in accordance with Article 49. Disponível em: <https://www.ohchr.org/Documents/ProfessionalInterest/ccpr.pdf>. Acesso em: 15 jul. 2020; Robert A. Dahl, "What Political Institutions Does Large-Scale Democracy Require?". *Political Science Quarterly*, v. 120, n.. 2, Verão 2005, pp. 187-197.

59. Stathis N. Kalyvas, *The Logic of Violence in Civil War*. New York: Cambridge University Press, 2006, p. xviii.

60. Mark Tushnet, "Constitutional Hardball". *J. Marshall L. Rev.*, v. 37, 2003, pp. 523-553; Steven Levitsky, Daniel Ziblatt, *Como as democracias morrem*. Rio de Janeiro: Zahar, 2018.

61. Sankowsky, Daniel. "The charismatic leader as narcissist: Understanding the abuse of power". *Organizational Dynamics*, v. 23, n. 4, 1995, pp. 57-71.

62. Ilona Szabó. "A Ágora está sob ataque — Uma tipologia para a análise do fechamento do espaço cívico no Brasil e no mundo", *Artigo Estratégico*, n. 49, Instituto Igarapé, outubro 2020.

63. Antoine Buyse, "Squeezing Civic Space: restrictions on civil society organizations and the linkages with human rights". *The International Journal of Human Rights*, v. 22, n. 8. Taylor & Francis Online, 2018, pp. 966-88.

2. QUANDO VOCÊ VIRA O ALVO [pp. 41-68]

1. Disponível em: <https://ponte.org/com-812-mil-pessoas-presas-brasil-mantem-a-terceira-maior-populacao-carceraria-do-mundo/>. Acesso em: 18 jul. 2020.

2. "Segurança pública é solução". Disponível em: <https://igarape.org.br/seguranca-publica-e-solucao/>. Acesso em: 15 jul. 2020.

3. Disponível em: <https://www1.folha.uol.com.br/poder/2018/10/organizacoes-repudiam-fala-de-bolsonaro-contra-ativismos.shtml>. Acesso em: 19 jul. 2020.

4. Kim Kataguiri, "Não foi pra isso que o Brasil elegeu Bolsonaro", Canal MBL. Vídeo disponível em: <www.youtube.com/watch?v=DVKIbe15Gtc>. Acesso em: 17 jul. 2020.

5. Carolina Linhares, Fábio Zanini, "MBL admite culpa por polarização no país e exagero em sua agressividade retórica". *Folha de S. Paulo*, 28 jul. 2019.

6. "Bolsonaro afirma ter 'poder de veto' em nomeações". *Exame*, 14 mar. 2019.

7. Disponível em: <https://www1.folha.uol.com.br/poder/2019/01/com-medo-de-ameacas-jean-wyllys-do-psol-desiste-de-mandato-e-deixa-o-brasil.shtml>. Acesso em: 15 jul. 2020.

8. Jailton de Carvalho, "O presidente não deveria ver pessoas que pensam diferente como inimigas, diz Ilona Szabó". *O Globo*, 28 fev. 2019.

9. "Moro x Bolsonaro: relembre os principais embates entre o presidente e o ministro da Justiça". *O Estado de S. Paulo*, 3 maio 2019.

10. "Ministério da Justiça nomeia Ilona Szabó para conselho e gera revolta nas redes sociais". *Jovem Pan*, 27 fev. 2019; ou <https://veja.abril.com.br/blog/noblat/generais-com-ilona/>.

11. Disponível em: <https://oglobo.globo.com/sociedade/stf-a-dia-julgamento-sobre-descriminalizacao-de-drogas-23706293>. Acesso em: 16 jul. 2020.

12. Disponível em: <https://g1.globo.com/politica/noticia/2020/04/24/veja-e-leia-a-integra-do-pronunciamento-de-bolsonaro-sobre-a-saida-de-moro-do-governo.ghtml>. Acesso em: 15 jul. 2020.

13. Steven Levitsky e Daniel Ziblatt, *Como as democracias morrem*. Rio de Janeiro: Zahar, 2018.

14. Disponível em: <https://brasil.elpais.com/opiniao/2020-
-05-05/brasil-perde-status-de-democracia-liberal-perante-o-mundo.
html>. Acesso em: 16 jul. 2020.

15. Disponível em: <https://politica.estadao.com.br/noticias/
geral,bolsonaro-fato-ou-fake,70003333366>. Acesso em: 15 jul. 2020.

16. Disponível em: <https://www1.folha.uol.com.br/colunas/
ilona-szabo/2020/05/democracia-terminal.shtml>. Acesso em: 25
ago. 2020.

17. Disponível em: <https://oglobo.globo.com/brasil/decreto-
-do-governo-bolsonaro-mantem-apenas-32-conselhos-consulti-
vos-23773337>. Acesso em: 25 ago. 2020.

18. Disponível em: <https://oglobo.globo.com/brasil/bolsona-
ro-nao-pretende-alterar-decreto-de-armas-diz-porta-voz-23654382>.
Acesso em: 25 ago. 2020.

19. Disponível em: <https://www.newyorker.com/news/news-
-desk/the-politics-of-murder-in-britain>. Acesso em: 27 ago. 2020.

20. Disponível em: <https://www.bbc.com/portuguese/bra-
sil-50919841>. Acesso em: 27 ago. 2020.

21. Disponível em: <https://oglobo.globo.com/brasil/manifes-
tantes-jogam-fogos-de-artificio-contra-stf-24479185>. Acesso em:
27 ago. 2020.

22. Disponível em: <https://epoca.globo.com/brasil/a-chegada-
-ao-brasil-do-pegasus-estrela-do-submundo-da-espionagem-23815778>.
Acesso em: 27 ago. 2020.

23. Disponível em: <https://noticias.uol.com.br/colunas/rubens-
-valente/2020/07/24/ministerio-justica-governo-bolsonaro-anti-
fascistas.htm>. Acesso em: 27 ago. 2020.

24. Dentre eles, destacavam-se os ataques de um membro do
Ministério Público Estadual que, mesmo falando em caráter pessoal,
trazia o peso de sua posição como procurador, e o de um integrante
do novo governo estadual, eleito na esteira de Jair Bolsonaro, e que

também seguiu os passos do governo federal e excluiu a sociedade civil dos conselhos estaduais de participação, inclusive do Conselho Estadual de Segurança Pública, do qual até então participávamos.

25. Como exemplo de projeto do Instituto Igarapé no Rio de Janeiro, cito a doação que realizamos com alguns de nossos apoiadores, do sistema de análise criminal do estado do Rio de Janeiro em 2015 — o ISPGeo, o qual apoiamos sua implementação em conjunto com as polícias estaduais e o Instituto de Segurança Pública até os dias de hoje. Em Santa Catarina, somos atualmente organização parceira na implementação de câmeras corporais para policiais e de um sistema de predição de crime e alocação de recursos humanos e viaturas das polícias. No estado de Pernambuco estamos iniciando projeto para apoiar a criação de um observatório de prevenção da violência no estado. Para saber mais acesse: www.igarape.org.br

26. Disponível em: ‹https://www.bbc.com/portuguese/brasil-52419855›. Acesso em: 27 ago. 2020.

27. Disponível em: ‹https://theintercept.com/2019/08/05/fuga-de-cerebros-e-autoexilio-governo-bolsonaro-reacende-o-trauma-da-ditadura/›. Acesso em: 27 ago. 2020.

28. Disponível em: ‹https://www.reuters.com/article/us-brazil-environment-divestment-exclusi-idUSKBN23Q1MU›. Acesso em: 27 ago. 2020.

29. Disponível em: ‹https://noticias.uol.com.br/politica/ultimas-noticias/2020/04/24/leia-integra-do-discurso-de-bolsonaro-apos-demissao-de-moro.htm›. Acesso em: 27 ago. 2020.

30. Disponível em: ‹https://noticias.uol.com.br/ultimas-noticias/bbc/2020/07/07/relembre-frases-de-bolsonaro-sobre-a-covid-19.htm›; e ‹https://politica.estadao.com.br/noticias/geral,coronavirus-o-que-bolsonaro-ja-falou-ate-agora-sobre-a-pandemia,70003234776›. Acesso em: 27 ago. 2020.

31. Disponível em: <https://brasil.elpais.com/opiniao/2020-
-05-05/brasil-perde-status-de-democracia-liberal-perante-o-mundo.
html?ssm=whatsapp>; <https://noticias.uol.com.br/colunas/jamil-
-chade/2020/05/28/brasil-fica-fora-de-coalizao-mundial-para-pla-
nejar-reconstrucao-da-economia.amp.htm?cmpid=copiaecola&__twit-
ter_impression=true>; <https://valor.globo.com/brasil/noticia/2020/
05/22/europeus-ameacam-retaliacao-ao-brasil-por-pl-da-grilagem.
ghtml>. Acesso em: 27 ago. 2020.

32. Disponível em: <https://www1.folha.uol.com.br/poder/
2020/06/apoio-a-democracia-chega-a-75-e-bate-recorde-em-meio-
-a-ameacas-de-bolsonaro.shtml>. Acesso em: 27 ago. 2020.

3. OS ANTÍDOTOS [pp. 69-107]

1. Disponível em: <https://brasil.elpais.com/opiniao/2020-
-04-13/na-batalha-contra-o-coronavirus-a-humanidade-carece-de-
-lideres.html>. Acesso em: 27 ago. 2020.

2. Ver páginas 18 e 19 do documento, disponível em: <https://
nacoesunidas.org/wp-content/uploads/2015/10/agenda2030-pt-br.
pdf>. Acesso em: 27 ago. 2020.

3. Disponível em: <https://nacoesunidas.org/acordodeparis/>.
Acesso em: 27 ago. 2020.

4. Disponível em: <www.globalcommissionondrugs.com>. Acesso em: 27 ago. 2020.

5. Disponível em: <https://www.globalcommissionondrugs.org/
reports/taking-control-pathways-to-drug-policies-that-work>. Acesso em: 27 ago. 2020.

6. Bernard Bass, "Concepts of leadership". In Robert P Vecchio,
*Leadership: Understanding the Concepts of Power and Influence in Po-
litical Science*. Indiana: University of Notre Dame Press, 2007.

7. Ibid.

8. Max Weber, "Os três tipos de dominação legítima". In: *Ensaios de Sociologia*. Rio de Janeiro: LTC, 2008.

9. Disponível em: <https://www.socialstudent.co.uk/understanding-max-webers-charismatic-leadership/>. Tradução livre. Acesso em: 27 ago. 2020.

10. Yascha Mounk, *O povo contra a democracia*. São Paulo: Companhia das Letras, 2018.

11. Bill George, *Authentic Leadership: Rediscovering the Secrets to Creating Lasting Value*. San Francisco: Jossey-Bass, 2003. [Edição bras.: Liderança autêntica: Resgate os valores fundamentais e construa organizações duradouras. São Paulo: Gente, 2009.]

12. Thomas Maak; Nicola M. Pless, "Responsible Leadership in a Stakeholder Society — A Relational Perspective". *J Bus Ethics*, v. 66, pp. 99-115, 2006. Disponível em: <https://link.springer.com/article/10.1007/s10551-006-9047-z>. Acesso em: 27 ago. 2020.

13. Disponível em: <https://www.accenture.com/_acnmedia/PDF-115/Accenture-DAVOS-Responsible-Leadership-Report.pdf#zoom=50>. Acesso em: 27 ago. 2020.

14. A palavra *stakeholder* atualmente é usada para definir uma pessoa ou organização que tem interesse legítimo em um projeto ou entidade. Ao discutir o processo de tomada de decisão para instituições — incluindo grandes corporações de negócios, agências governamentais e organizações sem fins lucrativos — o conceito foi ampliado para incluir todos que têm interesse (ou "participação") naquilo que a entidade faz.

15. Disponível em: <https://www.nytimes.com/2020/04/30/opinion/coronavirus-leadership.html>. Acesso em: 27 ago. 2020.

16. Disponível em: <https://www.nytimes.com/2020/05/15/world/coronavirus-women-leaders.html>. Acesso em: 27 ago. 2020.

17. Disponível em: <https://www.nytimes.com/2019/03/21/opinion/new-zealand-ardern.html>. Acesso em: 27 ago. 2020.

18. Disponível em: <https://theconversation.com/why-women-leaders-are-excelling-during-the-coronavirus-pandemic-138098>. Acesso em: 27 ago. 2020.

19. Hudson et al, *Sex and World Peace*. Nova York: Columbia University Press, 2012.

20. Disponível em: <https://www.wilsoncenter.org/event/sex-and-world-peace-how-the-treatment-women-affects-development-and-security>. Acesso em: 27 ago. 2020.

21. Disponível em: <https://www.newsecuritybeat.org/2010/07/womanstats-maps-gender-linked-security-issues/>. Acesso em: 27 ago. 2020.

22. Disponível em: <https://www.nytimes.com/2019/12/10/world/europe/finland-sanna-marin.html>. Acesso em: 27 ago. 2020.

23. Cortina de Ferro é uma expressão usada para designar a divisão da Europa em duas partes, a Europa Oriental e a Europa Ocidental como áreas de influência político-econômica distintas, no pós-Segunda Guerra Mundial, conhecido como Guerra Fria.

24. Disponível em: <https://jornal.usp.br/atualidades/estatuto-do-desarmamento-pode-ter-salvado-135-mil-vidas/>. Acesso em: 27 ago. 2020.

25. Disponível em: <https://revistagalileu.globo.com/Sociedade/Comportamento/noticia/2019/06/6-dicas-para-proteger-sua-saude-mental-das-redes-sociais.html>. Acesso em: 27 ago. 2020.

26. Christiana Figueres; Tom Rivett-Carnac, *The Future We Choose: Surviving the Climate Crisis*. Nova York: Knopf, 2020.

27. Disponível em: <https://www.bbc.co.uk/newsround/50743328>. Acesso em: 27 ago. 2020.

ESTA OBRA FOI COMPOSTA POR OSMANE GARCIA FILHO EM INES LIGHT
E IMPRESSA EM OFSETE PELA GRÁFICA PAYM A SOBRE PAPEL PÓLEN BOLD
DA SUZANO S.A. PARA A EDITORA SCHWARCZ EM OUTUBRO DE 2020

A marca FSC® é a garantia de que a madeira utilizada na fabricação do papel deste livro provém de florestas que foram gerenciadas de maneira ambientalmente correta, socialmente justa e economicamente viável, além de outras fontes de origem controlada.